A Stroll Through the History and Geography of Sapporo

さっぽろ歴史&地理さんぽ

エピソードと写真で振り返る
札幌の150年

山内正明
YAMANOUCHI Masaaki

亜璃西社

はじめに

地名には、その土地の自然だけでなく、たどってきた地域の歴史や人々の営みの積み重ねを知ることのできる大切な手がかりがひそんでいます。

巻末の『札幌地名総覧』にも列挙しましたが、すでに消失してしまったものも含めて、市内には実に多様な地名が存在します。

札幌はもちろんのこと厚別、手稲、月寒、琴似、丘珠などは、すべてアイヌ語が語源となった地名です。アイヌ語地名の研究は古くから多くの先人たちにより積み重ねられ、さまざまな解釈が行われてきました。しかし、場所によっては地名の解釈に諸説あったり、何よりどこの地点を指す地名なのかはっきりとわからない地名も残ったりしています。

また、白石、福井、山口など道外の地名もあります。もちろん、そこに入植した人たちの出身地です。定山渓、前田、稲積などは、その土地に深く関わった人の名前からついた地名ですが、地名に名を残した人物とはいったいどんな人だったのでしょう。

さらに、赤坊川、おいらん淵、大根道路などといった、何か意味ありげな地名があるほか、温泉山や麻畑、割栗など時代の推移の中で消えてしまった地名も少なくありません。サッポロバレーやチカホなど新しい地名も次々と生まれていますが、それらが今後も長く残っていく地名かどうかはまだ誰にもわかりません。

前出の福井、山口、稲積、麻畑こそ本書には登場しませんが、地名にはさまざまな歴史があり、その背景に興味がそそられる史実が隠されていることを、読者の方々にもぜひ知っていただきたいと考えました。

札幌は和人の入植、開拓から150年が経過し、人口も約197万人を数えるなど、東京を除くと日本第4位の大都市となりました。積雪が1mを超える雪国としては、世界最大の都市です。そんな札幌にあるさまざまな地名を手がかりに、各地域の歴史や特色を探ってみたのが本書です。

この本を片手に近所の探索をするもよし、ドライブがてら市内の探訪に出かけるもよし。札幌で暮らす人々が地域の歴史を知り、地元への愛着を深める――本書がその一助になればこれ以上の喜びはありません。

さっぽろ歴史&地理さんぽ＊目 次

4章　母なる川、豊平川をたどって　95

Ⅱ　地名に秘められた各区の歴史

Ⅲ　札幌地名総覧

I　地名が伝えるこのまちの歴史

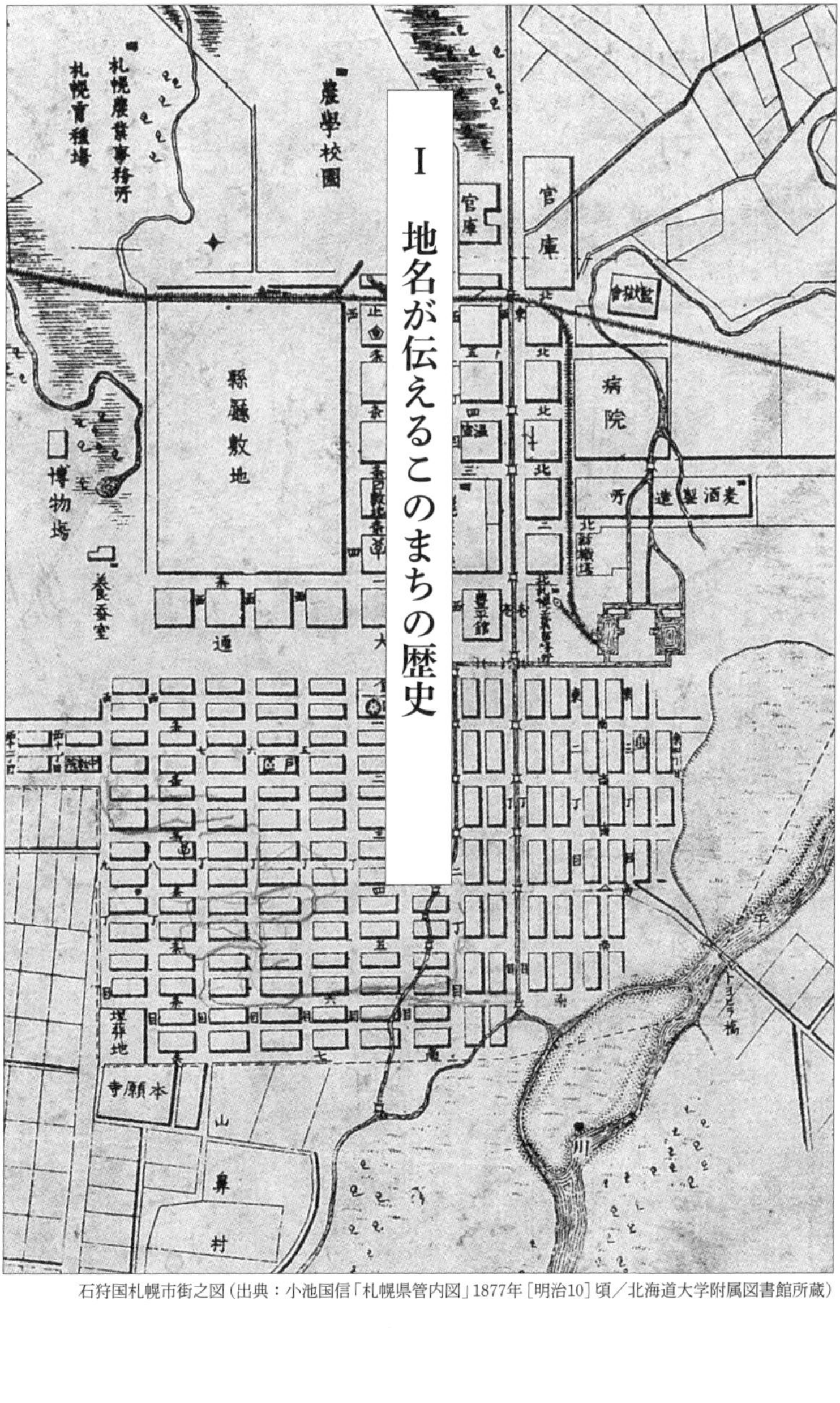

石狩国札幌市街之図（出典：小池国信「札幌県管内図」1877年［明治10］頃／北海道大学附属図書館所蔵）

1章　都心に残る地名を訪ねて

1　札幌中心街のシンボル——大通公園

東端に札幌のランドマーク・さっぽろテレビ塔を擁する中央区の大通公園は、大通西１丁目から西12丁目までの東西約１・５㎞、南北約65ｍに広がります。面積は約７・９haで、西隣には札幌軟石[1]で造られた札幌市資料館（元・札幌控訴院）が威風堂々と立ち、春になると公園内には芝生や花壇が整備されます。さらに、噴水や屋外ステージ、遊具のほか、開拓長官だった黒田清隆などの銅像や記念碑も数多く設置されています。

例年、ここでは四季折々にイベントも開催されます。大通公園をメイン会場とする冬のさっぽろ雪まつり、初夏のＹＯＳＡＫＯＩソーラン祭り、真夏のさっぽろ大通ビアガーデン、秋のさっぽろオータムフェストなど、今では札幌の風物詩となったものばかりです。

札幌中心部の歴史を振り返ると、まずは１８６９年（明治２）、開拓判官の島義勇[2]によって札幌本《ほん》府《ぷ》の建設が始まります。この時に作成された計画図「石狩国本府指図《いしかりのくにほんぷさしず》」には、すでに北部の官地と南部の民地を分ける空閑地が、現在の大通公園の位置に設けられることになっていました。また街区の設計は、現在の南１条通と「大友堀」（現・創成川）が交差する場所（現・創成橋）を基点に、碁盤の目状に行われました。

ところが島判官は、本府建設に多額の予算を投じた責任を問われて罷免され、工事も一時中断されます。後任の開拓判官となった岩村通俊[3]は、島の構想に沿って71年、市街地の中央に南北58間（約１０５ｍ）の幅の火防線を走らせ、その北側を官庁や官宅地とした官地、南側を商店や一般庶民の宅地とした民地に分離し、街区を形成していきます。

72年、開拓使は道内の地名を普及させることを目的としたのか、市街区や道路に道内の国郡名をつけるよう指示し、後に大通となる火防線は後志通と命名されました。しかし、大通から北６条、西１丁目から東４丁目という狭い範囲に40余りの地名とは、あまりに複雑だったせいか、81年には条丁目表記に改められます。その後は創成川を東西の基線として東西の各○丁目、後志通を南北の基線として南北をそれぞれ○条で表記し、この時に「大通」（東３丁目から西８丁目まで）の地名が誕生しました。

大通は建造物のない空閑地だったせいか、多種多様に利用されました。「明治四年及五年札幌市街之圖」（『札幌沿革史全』〈札幌史學會、１８９７〉掲載）では、まだ西２丁目に獄屋《ごくや》（牢屋）があるのみでした。しかし、76年には西３、４丁目に札幌官園で育てた花卉《かき》を植栽する大通花草園が造成されます。さらに91年の「札幌市街之図」を見ると、西10丁目に「陸軍屯田兵第一大隊本部」、その西側に「練兵場」

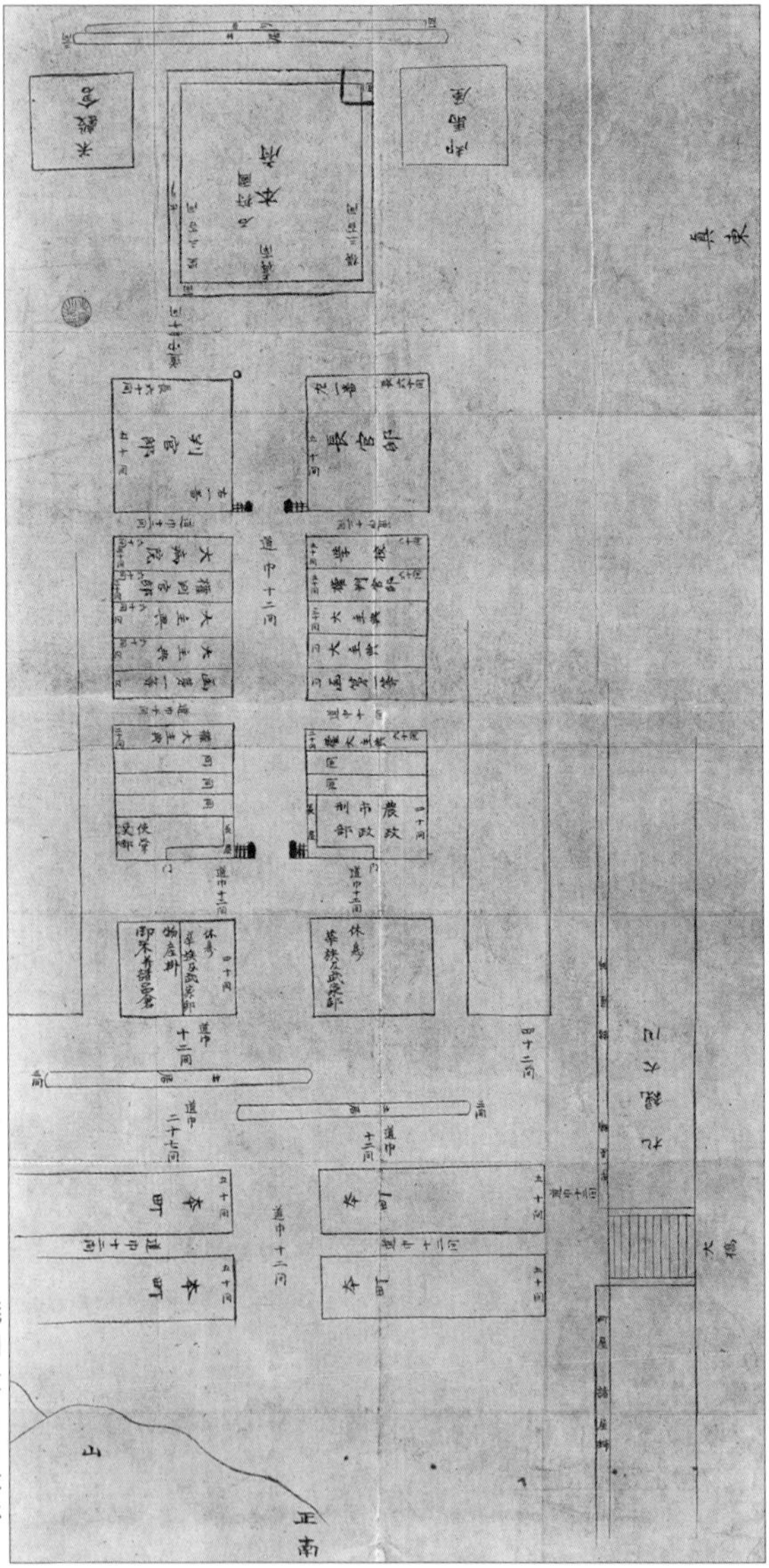

「石狩国本府指図」島義勇。1869－1870年〈明治2－3〉頃（北海道大学附属図書館所蔵）。北側〈上部〉の官地と南側の民地〈下部・本町〉を分ける空閑地が大通の起源とされる

明治末期作成と思われる大通逍遙地の絵はがき（出典：『皇太子殿下北海道行啓記念』製作者不詳、1911年［明治44］／北海道大学附属図書館所蔵）

大正前期撮影の大通西７丁目にあった黒田伯銅像（出典：『札幌開始五十年記念写真帖』北海道農会、1919年［大正８］／北海道大学附属図書館所蔵）

1926年〈大正15〉作成と思われる絵はがき「札幌控訴院新築落成記念」。控訴院〈中央区大通西13丁目〉正面から東を望み、奥に鯨ケ森が見える（札幌市公文書館所蔵）

の文字が記されています。

70年代後半以降、農業仮博覧会や北海道物産共進会などの会場になったほか、88年に近隣の学校が練兵場を使って連合運動会を開催したのを機に、西5丁目の広場などが市民の運動場として利用されたこともありました。また、西9丁目には原生の森が残り、遠くから見ると鯨の姿に似ていたことから「鯨の森」や「鯨ケ森」と呼ばれました。

札幌区は91年に大通の宅地分譲を計画しますが、道庁に払い下げを申請したものの受け入れられません。その後、植樹や小公園を整備することを申請し、許可されたことから、1901年に「大通逍《しょう》遥《よう》地《ち》」が設定され、少しずつ整備が進められたようです。逍遥地とは、散歩などを楽しめる場所のことです。

03年、西7丁目に黒田清隆像が設置されたのと前後して、西6～8丁目に池や築山のある小公園が造成され、公園としての体裁が整い始めました。07年には「札幌興農園」の小川二郎が、西2～4丁目に自費を投じて花壇を造成し、09年になると東京から造園技師の長岡安平(4)を招いて、西3～7丁目までを本格的な逍遥地とするべく3年をかけて整備を進めました。

第二次世界大戦中は、食糧不足から約3・3ha（1万坪）が菜園に利用され、ゴミ捨て場としても使われたことから随分と荒廃したようです。敗戦後、逍遥地は日本を占領した連合国の進駐軍に接収され、西3丁目に教会堂が建てられたほか、西4丁目以西には進駐軍専用の野球場、テニスコートなどが造られ、運動場として利用された時期もあります。

進駐軍の撤退後、札幌市は50年（昭和25）から市民の協力を求めながら、5カ年計画で公園再生へ動き出します。同じ年に第1回さっぽろ雪まつりが開催され、花壇の造成も始まったことから、54年には札幌市花壇推進組合が結成され、大通花壇コンクールがスタート。さらに西3、4、7、11丁目に噴水が設置され、札幌を代表する市民憩いの場となるとともに、全国的な観光名所へと成長していきます。

ちなみに「大通公園」の名称は、明治期から大正期、昭和30年代（1955年～）まで、諸々の地図や文献などには登場しておらず、その大半が「大通」の表記となっていました。また、51年の市販市街地図には「大通逍遥地」、67年の「最新札幌市街地図」（昭文社）では「大通グリーンベルト」の名称も見られます。現在の大通公園の名称が初めて地図に登場するのは、60年代後半以降のことです。

現在、計画が進む創成川東側の大通東1街区の再開発では、大通公園とつながる憩いの空間の整備も構想されており、さらに充実した公園に変貌していくことでしょう。

2　札幌に出現した地下都市――さっぽろ地下街とサツエキ

さっぽろ地下街は、中央区の札幌市営地下鉄[5]大通駅に繋がる地下商店街のオーロラタウンとポールタウンで構成されています。地下街の建設は、冬季オリンピック札幌大会の開催に先立ち開通した、地下鉄南北線の工事と同時に進められました。冬の寒冷な気候や降雪、夏の猛暑や降雨の際も快適な通行やショッピングを楽しめる地下空間として、地下鉄が開業した1971年（昭和46）にオープンしています。

オーロラタウンは、大通西3丁目からさっぽろテレビ塔までの東西312m、ポールタウンは大通駅コンコースからすすきの駅までの駅前通直下の南北400mに位置しています。現在、オーロラタウンに約60店舗、ポールタウンに約80店舗が出店し、年間売上高が約16・7億円（2020年度）という、札幌を代表するショッピングエリアに成長しています。

両地下街の基点となる大通駅は、南北線に加えて東西線や東豊《とうほう》線など地下鉄の全路線が乗り入れていて、札幌都心の交通拠点です。そのため開業当初は、地上の南1条や狸小路など既存の商店街と激しく競合し、とくに狸小路商店街は大きな影響を受けました。

また、札幌駅周辺には52年に駅地下に開業した、市内初の地下商店街となる札幌ステーションデパートや、駅前通に面した道内最古の歴史をもつデパートの五番舘などがありました。しかし、当時は駅南口周辺の再開発はまだ行われておらず、都心の商業機能は大通地区に一極集中していたた

1972年〈昭和45〉撮影の中央区大通西２丁目で行われる大通地下駐車場・地下歩道建設工事（札幌市公文書館所蔵）

1971年〈昭和46〉撮影の地下街オーロラタウン〈中央区大通西２丁目〉（札幌市公文書館所蔵）

め、その賑わいの差は歴然としていました。

ところが札幌駅周辺にはその後、大型商業施設の建設が相次ぎ、72年に札幌駅名店街が開業したのを皮切りに、73年にさっぽろ東急百貨店、78年に札幌そごう（旧・エスタ内）の二つのデパートが進出。90年には老舗の五番舘も「五番舘西武」としてリニューアルするなど、集客力を増したことで大通地区に拮抗する力を持ち始めました。さらに、78年にスタートした札幌駅周辺の鉄道高架事業[6]によって駅周辺の再開発が活発となり、老朽化した4代目駅舎は取り壊され、88年に高架駅として5代目の駅舎が開業しました。この頃から札幌圏への人口一極集中はより加速し、札幌駅の乗降客数が増加を続けていたことから、駅周辺の再開発計画が本格化します。

89年、高架駅の下を利用してパセオ、99年に札幌駅名店街やステーションデパートなどを改装したアピア、2003年には百貨店の大丸札幌店と専門店街の札幌ステラプレイスからなるJRタワーがそれぞれ開業しました。その後、アピア、パセオ、ステラプレイス、エスタも含めた四つの商業ゾーンを含めてJRタワーと呼ばれています（北海道新幹線札幌延伸に伴う工事のため、パセオは22年9月に営業を終了、エスタも23年8月末日に閉店）。

こうした再開発の結果、大丸札幌店を加えた札幌駅地区は一大ショッピングゾーンとなり、現在は大通地区を凌駕する賑わいを見せるようになり、この一帯を指す〝サツエキ〟の通称が定着しています。11年には、地下鉄さっぽろ駅と大通駅の間を結ぶ延長約520mの札幌駅前通地下歩行空間が完成。〝チカホ〟の通称で親しまれ、地下道両サイドの憩いの空間や交差点広場は、各種のイベントやアート作品の展示、情報発信、商業プロモーションなどに利用されています。

北海道新幹線は、札幌までの延伸工事中で、新幹線ホームは現駅から200〜300m東に造る大東《おおひがし》案に決定しています。これに伴い、隣接する北5条西1丁目街区の再開発が計画され、バスターミナルやタクシー乗り場の新設、地下鉄との接続の再編などが進み、新たな商業ゾーンも形成される予定です。

また18年には、オーロラタウンと北1条西1丁目のさっぽろ創世スクエアを結ぶ西2丁目地下歩道が開通。このほか、西2丁目地下歩道の北へ延長、札幌駅北口周辺、地下鉄すすきの駅・豊水すすきの駅間などに地下歩道を整備する構想があり、将来は巨大な「地下都市・札幌」が出現するかもしれません。

3　観光スポットに変身した〝肴屋町〟——二条市場

中央区南2〜3条東1〜2丁目の一帯に広がる二条市場は、鮮魚店や水産乾物店を始め、青果店や土産物店、飲食店など約40軒の店舗が密集する商店街です。多くの店舗は南3条に建ち並びますが、当初市場が南2条通に面して立地したことから二条市場と呼ばれるようになりました。

札幌市教育委員会編『札幌地名考』(7)（さっぽろ文庫、1977）では「二条魚町《うおまち》」と紹介されていますが、それに先立つ『札幌沿革史全』には隣接する南2条西1丁目に「肴屋町」の地名があり、二条魚町《さかなまち》と読むのが正しいようです。

現在も南2条通に面した旧来の商店街を中心とする札幌二条魚《さかな》町商業協同組合と、新二条市場協同組合があります。かつて南2条東1丁目にあった駐車場には、「魚町パーキング」の看板もあってわずかにその名残を留めていましたが、今はもうありません。

明治初期に石狩浜の漁師が魚を売ったのが始まりとされ、創成川を利用する搬送船の荷役を相手に商売をしたとされます。当初は、創成川対岸の西1丁目にあった魚売りが東岸に店を開き、店舗数が13軒だったので「十三組合」と呼ばれていました。河野常吉編『さっぽろの昔話　明治編上』（1978、みやま書房）には、「三樽別に住む大島駒吉が銭函で仕入れて札幌に売りに行った。（要約）」とあります。

しかし、脇哲編著『物語・薄野百年史』（1970、すすきのタイムス社）には、「明治初期、（中略）娼婦達は、（中略）創成川畔の宿屋に住み込み、内地並に飯盛女《めしもりおんな》と称して」出来上がっていた創成川一帯の岡場所――すなわち私娼地帯を開拓使が黙認していたと書かれていますが、この頃の二条市場周辺の様子は判然としません。一方、木村昇太郎『札幌繁昌記』（1891、玉振堂・日盛館）には、「第一の繁華なるは南一條通では（西）一より五丁目まで、二條と三條通では（西）一丁目より四丁目までとす、（中略）古着屋、多くは（西）二丁目と三丁目の横通にあり、古道具骨董類は三條通を探すべし、生魚の御用は南二條の（西）一丁目に市場あり（一部加筆、略）」とあります。

また『札幌沿革史全』にも、「南二條西一丁目の肴屋町、雨龍通（東2丁目北部）の古着屋町南三條の古道具屋町、様似通（東3丁目）の車屋町、浦河通（東2丁目）の鍛冶屋町等、同業者自然と一ヶ所に集合するは札幌商業進化の一現象なり（一部加筆、略）」とあります。『札幌案内』（1899、廣目屋）にも、乾物商店、青物屋、米穀荒物屋、味噌醤油販売店、薪炭店、種物屋などの記述があり、現在の二条市

1957年〈昭和32〉撮影の二条市場〈中央区南２条東１丁目〉
(札幌市公文書館所蔵)

1966年〈昭和41〉撮影の二条市場〈中央区南２条東１丁目〉
(札幌市公文書館所蔵)

場周辺に商店が集積していたことがわかります。

１９０２年（明治35）に大火があり、周辺は1年近く空地となりましたが、創成川近くにあった魚屋などが集まって魚市場が形成され、そこに旅籠屋、居酒屋、そば屋、青果店などの店舗も集まり、現在の二条市場の原型が形作られました。『札幌地名考』には「魚町近くには、旅籠があって島松、広島、野幌などの近在から、木炭を馬に積んで売りに来る人でいっぱいだった。一晩泊まって炭を売った金でどっさり魚を仕入れていった（一部略）」と古老の回想が紹介されています。

戦後になると市場に総菜、乾物を売る店なども建ち並ぶようになり、次第に二条市場の名前が一般化していきました。しかし、51年の市販市街地図の中央部拡大図では、まだ二条肴町の地名が記載されています。67年の「最新札幌市街地図」（昭文社）では二条市場の記載に変わり、二条肴町あるいは二条魚町という古い地名は、次第に忘れ去られていきました。

かつては年末に「歳の市」が開かれるなど、戦後の二条市場は市民の台所として高い人気を誇りました。しかし、近年は観光客の利用が増え、93年に南2条通と東1丁目通に面した歩道にアーケードが設置され、観光客に人気の海鮮料理などを提供する飲食店が増えたことから、今では国内外から多くの観光客が訪れる観光スポットの一つとなっています。２００７年には、市場内に十数軒の居酒屋や飲食店が軒を並べる「のれん横丁」も登場しています。

さらに09年の創成トンネル完成で、創成川アンダーパスが北3条から南5条まで連続し、11年にはその地上部に創成川公園が完成しました。これにより狸小路と二条市場の間に広さ約９５０㎡の「狸二条広場」が誕生し、さまざまなイベントに活用されています。狸小路と直結したことで、インバウンドも含めて新しい人の流れが生まれ、観光中心の市場として賑わいを見せています。

4　怪しげな夜の街が商店街に――狸小路

中央区の南2条と南3条の中通りにある狸小路は、北海道最古の商店街の一つです。札幌狸小路商店街振興組合の加盟店は、アーケードのある西1丁目から7丁目までの約200店舗ですが、広くは西10丁目までを含めます。札幌本府の草創期、宿屋や風呂屋と称して創成川河畔で生まれた、いずれも飯盛女と呼ばれる遊女を置く店が現れたのが始まりでした。

1873年(明治6)頃、南3条西2丁目に渡世侠客の松本代吉が芝居小屋「東座」を建て、これを契機に周辺には一杯飲み屋が現れるようになります。狸小路の呼び名が使われ始めたのは、72年の御用火事以降のようです。西1丁目から3丁目付近には、居酒屋のほか、首の回りに白粉を塗った女性がいる「白首屋《ごけや》」、料理店や旅館を装い売春を行う「曖昧屋」が集まりました。

90年頃になると、さらに私娼や売春婦が多く現れたので、西1丁目は「白首小路《ごけこうじ》」、その南北の中通りは「狐小路」、1丁目通の西側半分は「弁天小路」などという俗名も生まれました。狸も白首や狐と同様、そうした女性を指す言葉で、弁天も女神から転じて美人を意味します。

『札幌繁昌記』には、「両側に軒を比《なら》べ四十余の角行燈影暗き辺、一種異体の怪物、無尻を着る下婢体のもの、唐桟の娘、黒チリ一ツ紋の令嬢的のもの無慮百三四十匹、(中略)白い手をスツクと伸ばして、(中略)大の男子等を巧みに生捕り、財布の底を叩かせる、ハテ怪有な動物かな」などと描写されています。85年、西3丁目に第一勧工場《かんこうば》（百貨店やマーケットの前身）が開店。西2丁目には東勧工場もありました。同書には「和洋小間物、陶器、書籍、煙草、翫弄品等を鬻《ひさ》げり（中略）、其処彼處《そこかしこ》の四辻には、屋台店あり」とあり、屋台仕様の魚屋、八百屋、肉屋や一般商品を扱う店も出始め、商店街の発祥となりました。

92年、狸小路が火元で全市の８００戸以上を焼失する大火があり、その後も何度か火災が発生したことで、一時は白首屋も姿を消しますが、しばらくの間は屋台店などと結託した白首が出没していたそうです。しかし、市街地が南へ拡大するに従い、公設遊郭の区域外だった狸小路は風紀上の問題から警察の取り締まりが強化され、92年になるとその多くが移転を強いられ、すすきのに移った店は「二三等貸座敷」（遊女屋）となりました。

その後、狸小路には勧工場を始めとする各種商店が増え、本格的な商店街が形成されます。１９２５年（大正14）には2〜4丁目連合会が結成され、この区間が市道として初めて舗装道路となります。27年（昭和2）には西5丁目に最初の鈴蘭灯《すずらんとう》が設置され、道路も舗装されました。その数年後には、西1〜6丁目の舗装と西2〜6丁目に鈴蘭灯が完成し、新興商店街としての注目度が上がったことで出店数が増加します。

戦争中には、時局を鑑みて狸小路の名が不適当として「鈴蘭街」に改名させられたこともありました。丸井今井や三越などのデパートと激しい商戦を続けながらも、38年には狸小路商店街商業組合が結成され、鈴蘭型ネオンの取付けや舗装の改良、歳末大売出しなど工夫を凝らしたイベントも行ってきました。その頃から狸小路は、全道から買い物客が集まる道内屈指の商店街へと発展して

大正期撮影の狸小路４丁目。左の建物は映画館「神田舘」（出典：『開道五十年記念札幌区写真帳』維新堂書房、1920年［大正９］／北海道大学附属図書館所蔵）

1968年〈昭和43〉撮影の狸小路４丁目界隈
（札幌市公文書館所蔵）

いきます。第二次世界大戦終結後の一時期は闇市も出現しましたが、すぐに活況を取り戻し、58年から60年にかけて初代のアーケードが完成しています。

しかし、71年に市営地下鉄南北線が開通し、さっぽろ地下街のポールタウンとオーロラタウンが誕生したことで、中心街の人の流れは大きく変化しました。さらに、鉄道の高架化に伴い90年頃から札幌駅周辺の再開発が進み、それぞれの商業地区との競合が激化して狸小路の客足は減少し、閉店する店舗も現れるようになります。

生き残りをかけ、各店が店舗の改装や専門店化に活路を求める一方で、商店街も2002年のアーケード大改装以降、点字ブロックの設置、照明のLED化、街頭への大型ビジョン設置など、特に若年層をターゲットにした集客力の強化へ工夫を重ねています。15年頃から急増したアジアからの観光客を主体としたインバウンド需要や、16年の札幌市電[8]ループ化と狸小路停留場の新設によって新たな人の流れが生まれ、ドラッグストアや飲食店、ホテルなども進出しています。

さらに西3丁目には、商業スペースや公共駐輪場、水族館、分譲マンションなどからなる地上28階、地下2階建ての大型複合ビル「モユクサッポロ」が、23年夏に完成しました。近年の新型コロナウイルスの蔓延など社会や経済が激動する中で、狸小路も大きく変貌を続けているのです。

5　開拓使が設置した遊郭に始まる——すすきの

「すすきの」とは、一般的に中央区南3～8条、西1～9丁目のあたりを指す通称です。薄野、ススキノと表記されることもありますが、行政地名ではありません。1918年（大正7）に開通した路面電車の停留場が「薄野交番前」となり、後に「すすきの」と改称されたほか、今では市営地下鉄南北線に「すすきの」、東豊線に「豊水すすきの」の駅名があります。全国的にもすすきのは知名度が高く、東京より北で最大の歓楽街として有名です。

すすきのの地名は、南4〜5条と西3〜4丁目の2町四方が、開拓使が設置する官許遊郭の候補地となったことに始まります。1871年（明治4）、本府から通じる幅6間半（約12m）、総延長905間（約1640m）の道路を、当時の金額で339円をかけて造成。翌年には官許遊郭第1号として「薄野遊郭」が完成し、南4条西3丁目と4丁目の間には木製の高さ10尺（約3m）ある大門《だいもん》が建てられたことで誕生しました。

その名前は、このあたりがアシやススキなどが繁茂する原野で、69年の古地図に「茅野」とあることから、これに由来するとの説もありました。しかし実際は、遊郭の建設に関わった工事監事薄井龍之[9]から薄の字をとり、「薄野」と岩村通俊判官が命名したものです。当時、札幌開府の総元締だった中川源左衛門が語ったものとして、建設の際に苦労をともにした測量者で小主典の藤井某が腹を立て、「ならば薄井一人の功になすべし」と発言し、それではと遊郭内の南4条西3丁目を「藤井町と命名した」という逸話も残されています。

本府建設の創成期には多くの建築労働者が流入し、『物語・薄野百年史』には「数千人の荒くれ男が犇《ひし》めき、酒と女、博打と喧嘩の背徳の町たる趣があった」と記されています。72年、後の警察署となる邏卒屯所《らそっとんしょ》が置かれて間もなく、南3条西4丁目付近に現在の薄野交番の前身となる分屯所が設置され、風紀の取り締まりを始めています。

当時、旅籠屋《はたご》と称する7軒の売女屋《ばいじょ》が創成川河畔に集まり、給仕をしながら売春を行う飯盛女もいて、創成川一帯が岡場所と呼ばれる私娼屋地帯となっていました。しかし、その7軒も後に薄野遊郭に移転し、73年には娼楼20数戸、娼妓169余人（『新撰北海道史』〈北海道庁、1937〉より）がひしめきあうようになります。その代表格が、遊女21人、芸者3人を抱えた遊郭・東京楼で、「御用女郎屋」とも呼ばれていました。

その後、次第に遊郭周辺も市街化が進み、85年に豊水《ほうすい》小学校、1907年には区立女子職業学校が開校したことから風紀上の問題となり、遊郭移転を求める声が上がります。18年（大正7）に中島公園を主会場に開催された開道五〇年記念北海道博覧会が契機となり、19、20年にかけて現在の白石区菊水付近へ遊郭を移転させ、「札幌遊郭」と改称しました。

移転後の遊郭の跡地が、今のような多彩な飲食店や娯楽施設、サービス業が集まる歓楽街へどのように変貌したか詳細は不明ですが、大塚高俊『新版 大札幌案内』（1931、近世社）には、現在の狸小路が「不夜城鈴蘭街」という見出しで紹介されています。

第二次世界大戦後、歓楽街としてさらに発展を続ける中で、1962年（昭和37）から65年にかけて発生した数度の大火をきっかけに、老朽化していた木造建築は一気に姿を消しました。60年代後半からは高度経済成長(10)の勢いに乗り、この時期だけでバー、スナックなど料飲店が入店する不燃建築の雑居ビルが140棟以上も建設されています。そのほか、デパートを始めとする大型商業施設やホテルなどの大型ビルも増え、すすきの地区の高層化が進みました。

1872年〈明治５〉撮影の「西北ノ間ヨリ見通シ薄野裏ノ景」
（北海道大学附属図書館所蔵）

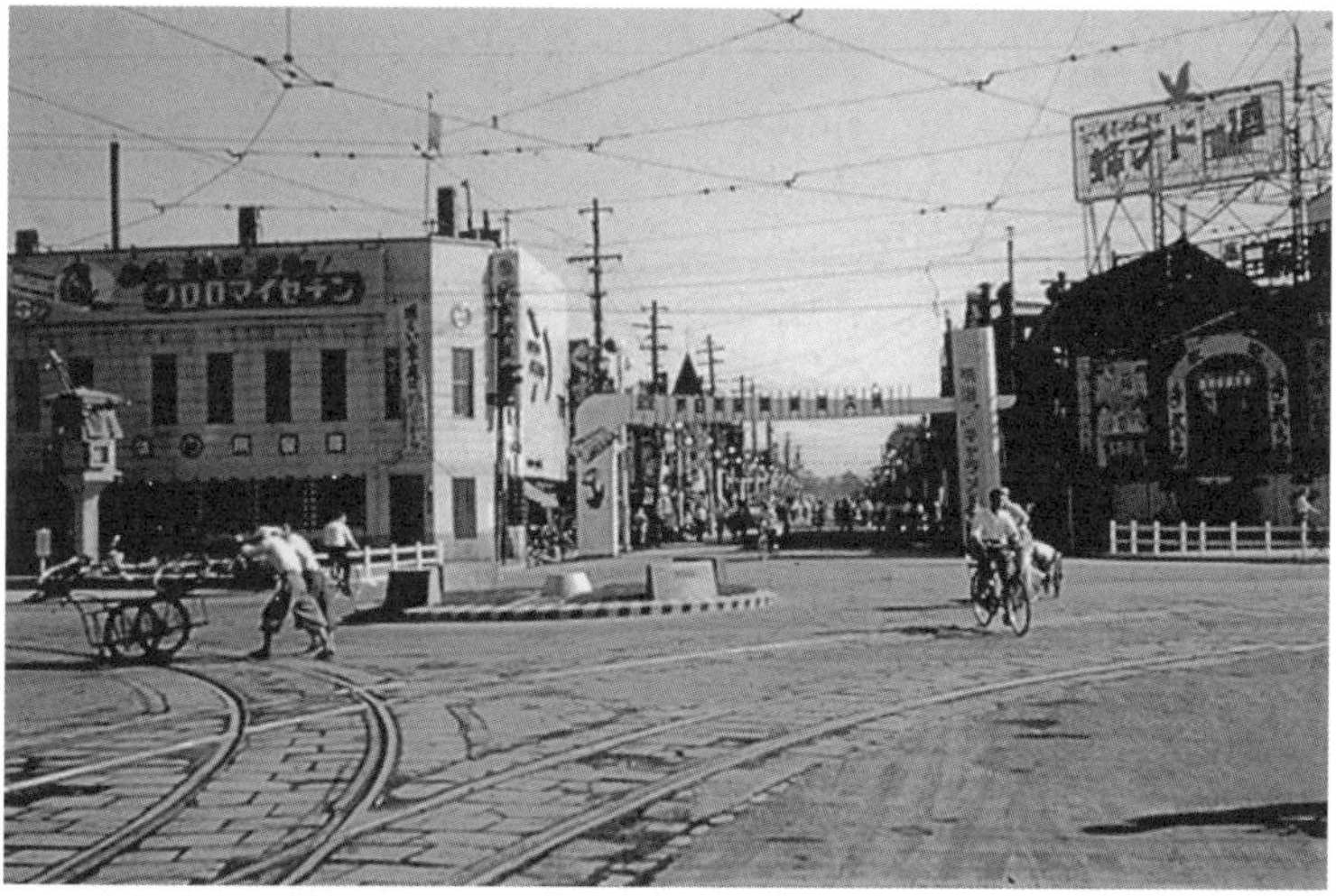

1954年〈昭和29〉撮影のすすきの交差点。写真奥の中島公園に向かって駅前通が伸び、電車の軌道は豊平方面と山鼻・西線方面の東西に分かれる（札幌市公文書館所蔵）

80年代後半のバブル経済期[11]には、約4000店舗が密集する不夜城と化し、夜間人口は約8万人に及んだと推測されています。しかし、91年2月のバブル経済崩壊後、経済の低迷が長引き、2008年のリーマンショック、20年からの新型コロナウイルス蔓延などの影響もあり、閉店に追い込まれる店舗が増加しました。現在は約3500店舗まで減ったとみられています。

それでも、居酒屋やスナック、バーなどの飲食店、カラオケ、クラブ、ディスコなどの娯楽的機能、性風俗店など、時代に即応しながらさまざまな業態に変容しつつ、今なお、すすきのは東京の新宿歌舞伎町、福岡の中洲と並ぶ日本三大歓楽街と呼ばれています。

現在、南4条通に面して大型ホテル、商業施設、駐車場、雑居ビルなどが建ち並び、南5、6条2〜5丁目には中小の雑居ビルが密集しています。さらに南7条以南には大小のホテルが集積し、地区の南西には小規模な風俗店などが建ち並びます。

また、2020年に閉店した大型商業施設ススキノラフィラ（南4西4）の跡地には、23年11月末にホテルや映画館、食品スーパー、食品街、飲食店、商業施設などが入る大型複合施設「COCONO SUSUKINO（ココノススキノ）」が開業しており、今後、すすきのがどのように変容していくかが注目されます。

6　たかがラーメン、されどラーメン——ラーメン横丁

「元祖さっぽろラーメン横丁」は、すすきのエリアの中央区南5条西3丁目にあるラーメン街で、

札幌における観光スポットの一つです。札幌のラーメン、中でも味噌ラーメンは、今や札幌名物として全国に知れ渡り、この街を訪れる観光客の多くが味わうようになっています。現在、市内には430軒以上（2020年NTTタウンページ）のラーメン店があり、一般飲食店を含めると約700軒がラーメンを提供しています。人口比で他都市と比べても特別にラーメン店が多いわけではありませんが、それでもラーメンが札幌を代表するソウルフードであることは間違いないでしょう。

カタカナのラーメンという呼び名のルーツは諸説ありますが、その一つとして大正期に北区の北大正門前にあった中華料理店「竹家」のメニューにあった「肉絲麺《ロースーメン》」にまつわる説があります。この麺料理の名が呼びにくく、調理人の王文彩は麺が仕上がるたびに「好了《ハオラー》！」（出来たよの意）と叫んだことをヒントに、店主夫妻が「ラーメン」と名付けたというものです。昭和初期にはラーメンの名で市内各所に広がり始め、喫茶店や一般の食堂でも提供するようになったことで、「10銭のコーヒーより15銭のラーメンが売れていた」（富岡木之介『さっぽろラーメン物語』1977、まんてん社）と伝えられています。

第二次世界大戦の終結から間もなく、中央区南3～5条の西2丁目付近に大陸からの引揚者によるラーメン屋台が15、16軒並びました。今や観光スポットとなったラーメン横丁は1951年（昭和26）、南5条西3丁目にあった映画館「大映劇場（現・札幌東宝公楽ビル）」の横に7軒のラーメン店が軒を連ねたのが始まりで、当初は「公楽ラーメン名店街」と呼ばれました。

69年、冬季オリンピック札幌大会開催に備えた駅前通の拡幅工事で立ち退きを余儀なくされ、71年に中通を挟んで北側の現在地に移転、再オープンして現在に至ります。幅2mもない細い小路の

1963年〈昭和38〉撮影の中央区南５条西３丁目にあった大映劇場〈現・札幌東宝公楽ビル〉と、その横に軒を連ねるラーメン横丁（札幌市公文書館所蔵）

1968年〈昭和43〉撮影の駅前通に面したラーメン横丁
（札幌市公文書館所蔵）

両側で現在は17店舗が営業し、ガイドブックで必ず紹介される札幌の観光名所の一つです。全国的に知名度が高く、近年は外国人観光客にも人気です。

「味の三平」（南7条西3丁目）の味噌ラーメンが、55年に総合生活雑誌「暮しの手帖」で紹介されたことをきっかけに、全国の新聞や雑誌などで頻繁に札幌のラーメンが取り上げられるようになりました。60年代後半には、インスタントラーメンに「サッポロ」を冠した商品が出回り、味噌ラーメンの元祖である札幌ラーメンの存在と人気は、完全に全国区となりました。今では地名を冠したご当地ラーメンは全国に数多くありますが、札幌ラーメンの地位は不動のようです。

76年には、元祖さっぽろラーメン横丁から至近のビル内に「さっぽろ名所新ラーメン横丁」（南4条西3丁目）がオープンし、現在は5店舗が営業しています。また2004年には、札幌駅JRタワーのエスタ内にフードテーマパーク「札幌らーめん共和国」が開館し、札幌のほか旭川、函館、小樽から出店した8店舗が営業していましたが、23年8月のエスタ閉店に伴い閉館しました。

なお01年、札幌ラーメンを含む函館や旭川などのご当地ラーメンは、「北海道のラーメン」として次の世代へ引き継がれる北海道遺産に選定されています。

7　碁盤の目状市街地を東西に分ける基線――創成川

創成川は、幌平《ほろひら》橋南側の中央区南17条付近で豊平川から取水し、札幌中心部をほぼ真北へ貫流する人工河川です。西茨戸で伏籠川に合流し、全長は約15㎞、流域面積は約18㎢あります。最上流部は鴨々川《かもかもがわ》と呼ばれ、中島公園の西側を曲流して南6条から北へ直流し、一般的には南6条以北を創成川と呼んでいます。もとは、幕末に大友亀太郎が掘削した「大友堀」が始まりです（大友亀太郎と大友堀については、本書Ⅱ部1章1節を参照）。

豊平川から流れ出た鴨々川は、下流で幾筋かに分流し、そのうちの一筋は胆振川と呼ばれていました。そこにかかっていた南6条橋あたりから南3条橋までの区間を、1871年（明治4）に吉田茂八がほぼ真北に掘り進めたことから、その部分は吉田堀と呼ばれるようになります。70年には、開拓使の御用商人だった木村萬平と寺尾秀次郎が、北区北6条から東へ流れていた大友堀を北へ掘り進め、麻生町界隈で「琴似川」（現・旧琴似川）に接続させました。この区間の運送を寺尾が請け負ったことから、かつては「寺尾堀」とも呼ばれました。

さらに86年、琴似川から茨戸までが開削され、この部分は「琴似新川」と呼ばれます。これにより、現在の創成川の原形が完成したことになり、その後も舟運による物資の輸送や湿地帯の排水のために拡張や改修工事が行われ、97年頃に完成しました。創成川という川名の由来は、71年に南1条通に橋が架けられ、「創成橋」と命名されたことに始まります。翌年、その両側に「東創成町」と「西創成町」の町名が定められ、74年になって正式に「創成川」と命名されました。つまり創成川は、創成橋という橋の名前にちなんでつけられた名称なのです。

札幌市街と河口の西茨戸では、25m以上の標高差があります。そのため、中米の太平洋とカリブ海をつなぐパナマ運河と同じ方式で舟運が行われました。途中に8カ所の閘門《こうもん》を設け、その開閉を行い区画ごとに水位を調節しながら、平田舟（船底の平らな小舟）を馬などに引かせて建築資材や食

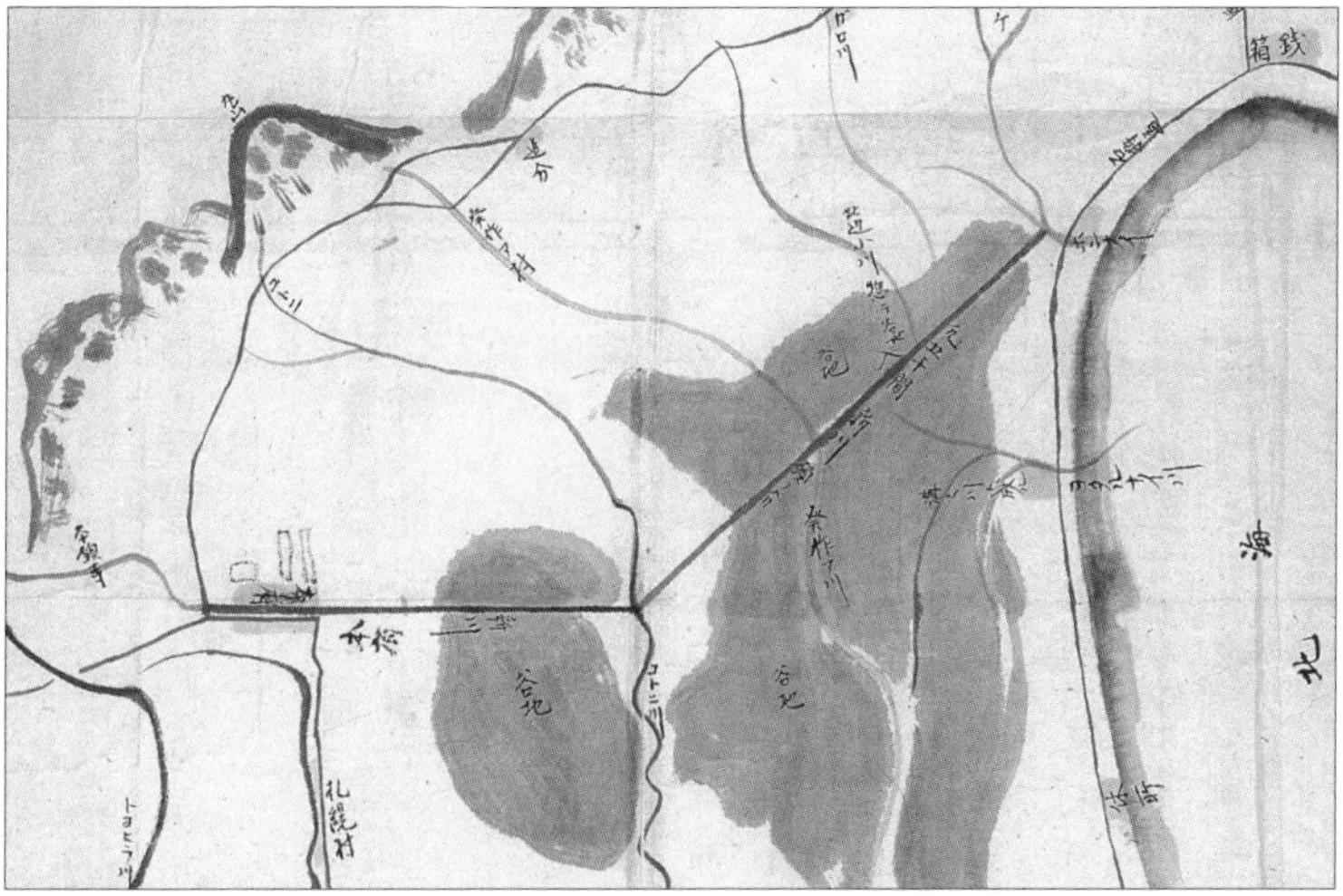

1868年〈明治元〉作成「札幌ヨリ銭箱新川迄地図〈銭函ヨリ琴似川迄新川道略図〉」。石狩湾から本府までの新水路が記されている（北海道大学附属図書館所蔵、部分）

1871年〈明治４〉撮影の札幌本陣と手前が創成橋
（北海道大学附属図書館所蔵）

料などを運搬しました。

81年、開拓使は碁盤の目状に地割《じわり》された札幌の街区を、条丁目表示へと変更します。この時、市街地の東西を丁目に区画する基線を創成川、南北の条に区画する基線を大通とする座標軸が出来上がったのです。

8 「カムム」から転じた?・川の名——鴨々川

中央区の鴨々川は、創成川上流部の名称です。幌平橋の南付近にある豊平川分流口から、南6条西1丁目までの長さ2・5㎞という小河川です。鴨々川と豊平川に挟まれた地域には、中島公園があります。かつてはさらに分流し、胆振通(西2丁目)に沿って北へ流れ、北2条あたりから東へ流れて伏籠川に流入することから胆振川と呼ばれましたが、昭和初期の暗渠《あんきょ》工事で姿を消しました。

1873年(明治6)の飯島矩道・船越長善作「札縨《さっぽろ》郡西部図」(12)には、「カモ、、」という地名が山鼻川と豊平川との合流地点にあり、現在の鴨々川の位置よりかなり南(上流)に位置しています。

また96年の地形図には、ほぼ鴨々川の位置に「カムム」の地名があります。これは謎の地名とされ、アイヌ語起源のようでもありますが、永田方正(13)、山田秀三(14)などの著書にその解説は一切ありません。カムムは「カモ、、」の誤写のようにも思えます。

川の名の由来について、明治期のアイヌ語研究家でもあった白野《しらの》夏雲《かうん》は、「カムイ(神の意)なるものは世に恐るへしもの総て」と考えたアイヌの人々が、かつて氾濫を繰り返した札幌川(現・伏籠川)

に〝カモカモ（恐ろへし、恐ろへし）〟と名付けたことにちなむと説明しています（鴨々川は創成川を経て伏籠川に合流）。また『札幌地名考』では、北大名誉教授で農業経済学者の高倉新一郎が「サケをとる曲げわっぱ」を意味するとし、郷土史家の田中潜は京都の鴨川からつけたと主張するほか、一説には往年カモが多くいたから——との説もあります。

また、読売新聞北海道支社編『語りつぐほっかいどう100年』（1977、太陽）には、カム（茂る、覆いかぶさるの意）に由来するなど諸説あり、定説はありません。『札幌沿革史全』には、「明治七年四月（中略）、豊平川支流字鴨々に大水閘を築き」と記載され、字地名として鴨々があったことがわかります。また、現在の中島公園は、かつて鴨々中島と呼ばれていました。

71年、大岡助右衛門によって、南17条西4丁目の豊平川の取水口に「鴨々川水門」（現・創成川取水桶門）が建設されます。創成川に導水し、洪水時には水門を閉めて市街への氾濫を防ぐ、北海道初の治水事業となりました。74年には、さらに規模の大きな水門となり、81年には南1～8条まで最初の堤防が築かれています。

水門は豊平川上流から流送される木材の搬入口も兼ねており、現在の中島公園内に貯木場が造られ、本府建設のための資材供給に大きな役割を果たした時代もありました。

9　博覧会場として整備された公園——中島公園

中央区の中島公園は、都心南東部の豊平川と鴨々川に挟まれた広さ23・6haの総合公園です。当

1871年〈明治４〉撮影の鴨々川上流にあった豊平川との水門
（北海道大学附属図書館所蔵）

明治末期撮影の中島遊園地。当時、園内では複数の料亭が営業していた
（北海道大学附属図書館所蔵）

初、このあたりは「山鼻村字鴨々中島」の地名で、豊平川右岸の中河原（後の中島《なかのしま》、現在の豊平区中の島）と区別されていました。その後、1886年（明治19）年に「中島遊園地」、さらに「中島公園」に変わりましたが、1925年（大正14）に条丁目表示となり、現在は再び中島公園が行政地名となっています。

1871年、開拓使は豊平川上流から流送される木材を溜めおく、貯水池の建設を鈴木元右衛門《げんえもん》に請け負わせます。二つ造られた四角い池は、「木囲池」や「元右衛門堀」と呼ばれました。後に大通東に貯木場が設置されたことでその役割を終えますが、池はそのまま残り、現在の菖蒲池となりました。

山鼻村は、この地を山鼻学校の学田《がくでん》（学校運営の経費に充てる目的で所有する田地）として開墾したいと考えました。一方、境界を挟んで隣接する札幌区は、ここを取得して治水と観光の両面から整備したいと考えていました。また開拓使には、北の偕楽園《かいらくえん》、西の円山、東の苗穂、そして南の中島と、公園を環状に配置する構想があったとも言われています。

82年頃から、この池を中心に公園を造る運動が起こり、この声を受けて土地の売買貸与が停止されました。そして84年、札幌区はこの地の公園予定地への編入を求める意見を札幌県に提出し、これが許可されたことで85年に「遊園予定地」と名目が変更され、86年になって札幌区に編入されました。

87年、北海道物産共進会の会場になったことを契機に整備が始まり、北海道海陸物産見本品陳列場（現・菖蒲池の南側）が建てられました。この年、偕楽園内の育種場（北区北8条西8～9丁目あたり）

にあった競馬場が、物産見本品陳列場の南側に移転され、距離550間（約1㎞）、幅8間（約15ｍ）の馬場となりました。

当初は、豊平川堤防敷地や鴨々川河畔も含む約55haが、遊園地の対象地域となっていました。しかし、市街区画制や貸地割当などを実施した結果、約26・3haが中島遊園地となりました。来園者に娯楽の場を提供する目的で、園内の一部を民間業者に貸与し、日吉亭、臨池亭、大中亭《だいなかてい》などの料亭が営業を始めたことから、中島の奥座敷と呼ばれました。

その中でも、とりわけ規模の大きかったのが岡田花園で、89年に御用商人の岡田佐助が公園北西部の菖蒲池のほとりに3haを借り受けて開いたものです。ボタン、シャクヤク、ショウブなどが咲き誇り、百花繚乱だったと記録されています。今も菖蒲池西側の天文台が建つ小丘に、岡田山の呼び名が残っています。

また大中亭は、貸しボートや釣り堀を始め、客寄せのために打ち上げ花火も行っていました。日清日露の戦勝祝賀で打ち上げ花火を催し、その後の1926年（大正15）には北海道花火大会も開催したことで、豊平川河畔と並ぶ札幌の花火の名所となりました。

1908年（明治40）、札幌区が東京市の公園技師・長岡安平に依頼、作成した設計案に基づき、本格的な公園整備を開始。10年には1期工事が完成し、この時に「中島公園」に改称されました。

北海道海陸物産見本品陳列場では、毎年のように種々の品評会などが開催され、北海道の農林水産業から鉱工業に至るまでの、あらゆる道内産業の情報発信基地の役割を果たしました。18年に開催された開道五〇年記念北海道博覧会の主会場となり、公園まで札幌電気軌道（後の札幌市電）が開通。園内には、農業館など各産業部門のパビリオンや台湾も含めた他府県の展示場、演芸館などが建ち並び、50日間の期間中に道内外から142万人が来場しました。

1940年（昭和15）の第5回冬季オリンピック大会開催地が、37年に札幌で仮決定し、中島公園はスケート競技会場となる計画でした。しかし、日中戦争の勃発で開催を返上し、幻の五輪となりました。49年には中島球場にスタンドが造られ、高校野球の聖地となったほか、54年には第9回国民体育大会の中心会場として中島スポーツセンターが建設されています。

58年には、6億7千万円の巨費をかけた北海道大博覧会(15)が中島公園と桑園を主会場に開催され、中島公園には遊園地の子供の国が設置されたほか、終了後には天文台も整備されました。園内には多くの彫像や碑があるほか、明治天皇が宿泊した豊平館や小堀遠州作の茶室八窓庵といった国指定重要文化財も移設されています。

その後、人形劇場こぐま座や北海道立文学館のほか、97年には円山動物園内に移転した子供の国の跡地に札幌コンサートホール Kitara（キタラ）がオープンし、文化活動の場を提供しています。現在も、春の園芸市、初夏の北海道神宮例祭（札幌まつり）の露店、年の瀬の歳の市は風物詩となっており、四季を通して多くの市民が集う、札幌を代表する公園となりました。

10 歴代天皇が訪れた道——行啓通

行啓通《ぎょうけい》は、白石区北郷を起点に中央、東札幌、豊平区豊平、平岸、中の島、中央区中島公園を経て、南14条通の西5丁目から21丁目までを通る幹線道路です。正式な道路名は「米里・行啓通」で、一般的に行啓通と呼ばれるのは、南14条通の西6丁目から西10丁目までの約600ｍの範囲です。地域の通称として、商店街や銀行の支店名、小さな事業所の名前などに使われています。

1923年（大正12）に市電山鼻線が開通し、南14条西7丁目に「行啓道路」の停留場が出来て終点となりました。この頃から、東屯田通（西9丁目通）との交差点を中心に商店が集まり始め、次第に商店街が形成されていきました。27年（昭和2）に「行啓通共和会」が結成されると、いち早く道路を舗装し、鈴蘭街灯を設置するなど、商店街としての体裁を整えていきます。

現在は、約50店舗（2022年）が加盟する行啓通商店街振興組合が地域振興を図り、イベントを企画するなど活発な活動を行っています。かつては下町の雰囲気を残す商店街でしたが、周辺にマンションなどが建ち並ぶようになり、食品スーパーが進出するなど街並みは変貌しています。

地名の由来は、11年（明治44）に当時は皇太子だった大正天皇が札幌を訪れた「行啓」がきっかけです。天皇が外出することを「行幸《ぎょうこう》」といいますが、「行啓」は皇后や皇太子などの皇族が外出することをいいます。当時、南14条通は、中央区の伏見方面から山鼻を経て中島、薄野、豊平へ通じる唯一の道路でした。しかし、道幅が狭く未整備だったことから、行啓に向けて地主が道路用地を寄付し、住民が当局と協力して拡幅を行いました。以来、行啓道路と呼ぶようになり、後に行啓通の名が定着しました。

その30年前の1881年（明治14）には、明治天皇が北海道を巡幸しています。札幌では豊平館（当時は北1条西1丁目）に宿泊し、3泊4日の日程で開拓使庁、農学校、麦酒製造所、真駒内牧牛場など

1911年〈明治44〉、北海道行啓で新冠御料牧場を視察する皇太子時代の大正天皇
（北海道大学附属図書館所蔵）

1922年〈大正11〉、後に昭和天皇となる皇太子が北海道行啓で山鼻公園を訪れた際の様子。
写真中央が「お声がかりの柏」
（出典：『皇太子殿下行啓記念写真帖』北海道庁、22年／北海道大学附属図書館所蔵）

を訪問。山鼻屯田兵村では農作業を視察し、山鼻学校（現・山鼻小学校、南14条西10丁目）にも立ち寄っています。

その際、明治天皇が高くそびえるカシワの大木（現・山鼻公園内）を指さして「あれは何か？」と尋ねたことから、「お声がかりの柏」と呼ばれるようになりました。地域の人びとに長く大切にされましたが、枯れてしまったため、1976年（昭和51）に伐採されています。

11年の行啓で大正天皇は、中島公園から山鼻公園を訪れ、お声がかりの柏を見て松を植えたとあります。後の22年には、皇太子だった昭和天皇もこの地を行啓し、山鼻公園にカツラを植樹したとあります。現在、公園内にはプラタナスやイチョウの巨木はあるものの、植樹されたといわれる松やカツラは確認できません。

【1章 註】

＊1　札幌軟石　約4万年前の支笏大噴火で流れ出た支笏火砕流堆積物が、600度以上の高温と堆積による圧力で強く溶結したもので、支笏溶結凝灰岩と言います。切り出しが容易で軽く、断熱性にも優れるため、明治初期から建造物の主要な石材として利用されました。

＊2　島義勇（しま・よしたけ、1822〜74）「北海道開拓の父」と称される元佐賀藩士。1869年（明治2）、北海道開拓判官として来札。札幌での本府建設を決定し、京都などをモデルに碁盤の目状街路の都市建設に着手する。しかし、巨額の費用を投じたなどの理由で1870年に解任され、北海道を離れました。

＊3　岩村通俊（いわむら・みちとし、1840〜1915）高知県出身。1871年（明治4）、開拓使判官島義勇

の後を継いで札幌本府建設に着手。都市計画の防火面から、当時は多かった粗末な草葺小屋を撤去するための「御用火事」と呼ばれる焼き払いを命じたことで知られます。86年に設置された北海道庁の初代長官でもあり、北海道開拓史に大きな足跡を残しました。

＊4　長岡安平（ながおか・やすへい、1842～1925）　長崎県出身。公園設計者・造園作庭家。明治期から大正期にかけて東京府（後に市）の公園係長などとして公園や街路の整備に携わり、札幌では円山公園と中島公園を設計しています。

＊5　札幌市営地下鉄　1971年（昭和46）、独自のゴムタイヤ方式を採用して南北線が誕生（全国4番目）。76年に東西線、88年に東豊線が開通した後、数度の延長を重ね、現在は総延長48㎞で市内交通の大動脈となっています。2021年度の利用者数は1日あたり南北線が約17万人、東西線約20万人、東豊線約11万人。

＊6　鉄道高架事業　JR函館本線苗穂駅－琴似駅間とJR札沼線桑園駅付近の鉄道高架化は、1988年（昭和63）に始まり91年に完成しました。総事業費872億円、札幌市が739億円、JR北海道が133億円を負担。札幌駅が高架になり周辺の再開発が進んでいます。

＊7　札幌地名考　札幌市と北海道新聞社が企画した叢書「さっぽろ文庫」全100巻の第1巻。市内約450の地名の由来や歴史などについて、小学校教員や公務員など10人が分担執筆し、作家で郷土史家の更科源蔵が監修しています。

＊8　札幌市電　札幌市中央区を走る路面電車。石材輸送用の馬車鉄道を前身に1918年（大正7）、民営の札幌電気軌道が「停公線」「一条線」「南四条線」の3路線を開業、27年（昭和2）に市営化されました。60年代の最盛期における路線の総延長は約25㎞に及びます。その後、自動車の普及に伴い路線を縮小し、現在は2015年に西4丁目－すすきの間を接続した環状路線（8・9㎞）のみとなっています。

＊9　薄井龍之（うすい・たつゆき、1829～1916）　長野県出身。18歳で上京し昌平坂学問所に入所。明治維新後、岩倉具視の知遇を得て開拓監事となって来道し、「薄野遊郭」や「偕楽園」など札幌本府の建設に携わりました。

＊10　高度経済成長　１９６０年代から73年（昭和48）にかけての、成長率が年平均10％を超える急速な経済成長のこと。太平洋沿岸の重化学工業化と大都市圏や新幹線、高速道路網などのインフラ整備が進むとともに、所得向上で国民生活が豊かになった半面、物価上昇、過密・過疎問題や公害などの問題が生じました。

＊11　バブル経済　１９８６（昭和61）から91年まで、公共事業拡大、所得減税、金融緩和などの景気刺激策によって株式や不動産に投資が集まり、株価と地価が高騰。実体経済から乖離して投機が過熱し、その後、急速に資産価格が下落する様子を、中身のない泡が膨れて弾ける様子に例えて「バブル」と呼ばれました。

＊12　札縨郡西部図　「明治六年十一月製札縨郡西部図」と記載されており、市街地を中心に石狩川、豊平川流域から周辺の山地まで広範囲に描写され、地名の記載も多いことが特徴。山地の地形描写などは不正確ですが、歴史考証の資料として重要です。

＊13　永田方正（ながた・ほうせい、１８３８〜１９１１）　教育者・アイヌ語地名研究者。１８８６年（明治19）、北海道庁のアイヌ語地名調査に従事し、全道約6千の地名、札幌近郊だけで１３２の地名の発音、原義をアイヌ民族から聞き取り調査して採録し、『北海道蝦夷語地名解』にまとめました。

＊14　山田秀三（やまだ・ひでぞう、１８９９〜１９９２）　東京都出身。アイヌ語地名研究家　戦前は農商務省に勤め、戦後は北海道曹達の社長、会長などを務めた。傍ら、金田一京助に師事し、徹底したフィールドワークで実証研究を重ねました。

＊15　北海道大博覧会　１９５８年（昭和33）、北海道開発の現況を紹介するために札幌市と小樽市で開催。札幌では桑園（後の札幌市中央卸売市場敷地内）や中島公園などを会場に、総合開発館、農林館、科学館などさまざまなテーマ館が設置されました。その10年後の68年、北海道百年記念事業として開催された「北海道百年記念 北海道大博覧会」では、北海道立真駒内公園を会場に多数のパビリオンが建てられました。

2章　ＪＲ札幌駅周辺から桑園へ

1　種子屋さんが始めた老舗デパート――札幌興農園と五番館

北海道最古の百貨店だった五番館は、種苗や農機具を販売する札幌興農園《こうのうえん》を前身とします。島根県出身で札幌農学校卒業生の小川二郎が経営する札幌興農園は、中央区南2条西1丁目に店を構えていましたが、１８９９年（明治32）に北４条西３丁目へ移転。和菓子や食料品、日用雑貨なども販売するようになります。

そして１９０６年、道内初の百貨店として洋風のレンガ造りの店舗を開店します。電話番号が５番だったことから五番舘興農園（後に五番舘）と名付けられました。その後、不況で経営に行き詰まった小川は、09年に小田良治へ店舗を譲渡。自らは札幌周辺に農場を開設し、創業時の主業である農業関連の事業に一層の力を注いだようです。

乗降客の多い札幌駅前に立地し、駅前通を走る市電や前身の馬車鉄道の停留場も店舗の前にあっ

大正前期撮影の札幌デパートメントストアー五番館（出典：『開道五十年記念札幌区写真帳［増補三版］』維新堂書房、1920年［大正９］／北海道大学附属図書館所蔵）

1960年〈昭和35〉撮影のビル化された後の五番舘デパート
（札幌市公文書館所蔵）

たことから、五番舘は売り上げを伸ばし、近代的なデパートに成長していきます。第二次世界大戦後の復興とその後の経済成長に伴い発展を続け、1958年（昭和33）、72年と相次いで店舗の改築、増築を進め、大通の丸井今井や三越と並ぶ老舗デパートとして人気を博しました。

70年代に入ると、駅周辺にさっぽろ東急百貨店や札幌そごう（旧・エスタ）が進出し、大通エリアと札幌駅前エリアが激しく競合し、流通業界では「南北戦争」などとも呼ばれました。その後、西武百貨店との業務提携などを経て90年に五番舘西武、97年には札幌西武となり、五番舘の名前は消えました。

2003年には札幌駅の駅ビル内に大丸札幌店が進出し、激しい競合の末、09年には札幌西武も閉店に追い込まれました。五番舘時代の面影を残す赤レンガを使用したビルも解体され、現在は空地となっています。11年に家電量販店大手のヨドバシカメラ（東京）が土地を買収しており、複合ビルの建設が構想されています。

五番舘の前身となった札幌興農園は、1916年の地形図に札幌興農園（現・北区北21条東1丁目付近）、興農園牧草地（現・東区東苗穂14条1丁目付近）、興農園樽川農場（石狩市樽川3条3丁目付近）などの名称が見られます。

北10〜21条東1、2丁目付近にあった興農園の農地は、飛行場として利用されたこともありました。北海タイムスと小樽新聞社が天幕格納庫を整備し、それぞれ2機を駐機させて札幌–旭川間の定期郵便飛行を始めています。しかし、現・北区北24条西8丁目周辺にできた札幌飛行場に機能が移ってゆき、長く続きませんでした。また、軽川（現・手稲前田）に設けられた農場は、18年に極東煉乳（後の明治乳業）に譲渡され、樽川農場も50年の地形図では明治乳業札幌牧場となっています。97年に札幌興農園は店舗の営業などを譲渡して、法人の歴史に幕を閉じました。

2　初音ミクを生んだ新時代の産業――サッポロバレー・札幌テクノパーク・札幌ハイテクヒル真栄

サッポロバレーは１９８０年代以降、札幌に集積したＩＴ関連のベンチャー企業群を指して使われた呼称で、米国カリフォルニア州のシリコンバレー(1)に倣《なら》ったものです。80年代中頃から、北海道大学で情報工学を学んだ学生や卒業生が起業したＩＴ関連のベンチャー企業が、北大に近く交通の利便性も高い割に、オフィスの賃料が安い北区のＪＲ札幌駅北口界隈に集まったことに端を発します。

98年、北海道通産局が情報処理産業の実態調査結果から、この集積地を札幌駅北口ソフト回廊と呼びました。その後、ここを含めた市内のＩＴ企業の集積がサッポロバレーと呼ばれ、注目を集めるようになりました。２００７年に発売され、一躍人気アイドルとなった音楽制作ソフトの初音ミクは象徴的な存在です。

しかし、２０００年代のＩＴバブル崩壊などで多くの企業が経営に行き詰まり、破産したり大手の傘下に入るなどして、新たなビジネスが起業して成長するイメージが失われ、サッポロバレーという言葉も使われなくなりました。

近年の動向は、北海道ＩＴ推進協会（社団法人）のレポートによると、20年度の道内ＩＴ産業の

札幌テクノパーク全景（出典：札幌市エレクトロニクスセンターＨＰ）

売上高は４８７０億円と推計され、工業統計と比較すると製造業第2位の石油製品・石炭製品製造業に次ぐ金額です。同じく従業員総数は約2万2千人と、第1位の食料品製造業に次ぐ規模に成長しており、道外企業の事業所も含めてその大半が、札幌とその周辺に集中しています。

一方、札幌市は情報通信関連の産業を次代の主力産業に育成することを目的に、研究開発型の工業団地として札幌テクノパークを造成しました。厚別区のもみじ台団地東側を流れる小《お》野《の》津《つ》幌《ぽろ》川《がわ》右岸にあり、総面積28haでそのうち41％は公園や河川緑地になっています。

１９８６年（昭和61）、第1テクノパークの分譲が始まり、札幌に本社を置くソフトウェア・ハウスやシステム・ハウスなどを中心とするＩＴ企業が進出しました。市も、ＩＴ関連、食・バイオ関連企業の研究開発を支援する札幌市エレクトロニクスセンターを開設し、研究開発に適したレンタルオフィスや会議室を備えました。

88年には、第2テクノパークも分譲され、道外に本社を置く大手・中堅ＩＴ企業の開発センターなどが進出しました。現在は約40社が立地し、約２０００人が勤務。売り上げは、北海道の全ＩＴ産業の約12％を占めており、全国屈指のＩＴ関連企業の集積拠点に発展しています。工業団地の名称である札幌テクノパークは89年の地形図に記されていますが、行政上の地名は91年に下野幌テクノパーク１丁目、同２丁目となりました。

札幌市はさらに89年、対象分野をバイオテクノロジー、新素材などの試験研究・生産などに広げた工業団地・札幌ハイテクヒル真栄を、清田区真栄の山部川と西真栄川、真栄川に挟まれた丘陵地に造成しました。面積42haのうち工業用地面積は13haで、半分以上が緑地公園となっています。しかし、その後に不況が続いたこともあり、立地は数社にとどまっています。

3　日本最古の都市公園——偕楽園と清華亭

偕楽園は、北区の北海道大学キャンパス南側、北８条通とＪＲ函館本線に挟まれた北６、７条西７丁目にありました。１８７１年（明治４）、開拓使判官の岩村通俊が整備した公園で、現在も偕楽園緑地として一部が残っています。

明治初期、国内には旧来の名所旧跡を利用した公園こそ各地にありましたが、偕楽園は計画的に造成された日本初の都市公園でした。札幌本府は北６条が北端で、まだ一帯には原生林が残っていて、その中に豊平川扇状地(2)（札幌扇状地）の扇端から湧き出るメム(3)（湧泉）があり、これを水源にするサクシュ琴似川などが北へ網状に流れていました。

1878年〈明治11〉頃撮影の偕楽園内に建てられた開拓使札幌仮博物場。手前が湧泉池
(北海道大学附属図書館所蔵)

1880年〈明治13〉撮影の清華亭。開拓使が貴賓の休息・接待所として偕楽園内に設けた
(北海道大学附属図書館所蔵)

偕楽園と命名したのは工事監事の薄井龍之で、漢籍の四書五経の一つで孟子の「古の人は民と偕《とも》に楽しむ」にちなみます。ところが偕楽園の一帯には、公園というより産業振興が目的の施設が次々に整備され、隣接して農業試験場の札幌官園も開かれたことから、一帯の施設は最大時には広さ約132haに及びました。

当初は、御手作場《おてさくば》(4)や偕楽園試験場と呼ばれ、蔬菜果樹栽培試験場や葡萄園、育種場、馬産奨励を目的とした競馬場、鮭孵化場、製物場(工業試験場)、博物所、生徒館(農業実習生の宿舎)、花室(温室)などが造られます。その一方、屯田兵招魂之碑(その後札幌護国神社へ移設)や開拓記念碑(後に大通公園へ移設)が建てられ、公園としても利用されました。

中でも重要な出来事は、80年の清華亭《せいかてい》建設です。和洋折衷の建物で、外観は洋式ですが内部には和室も設《しつら》えられています。貴賓接待所として建てられ、翌年の明治天皇行幸の折には休憩所として利用されました。その前庭を和洋折衷様式で設計指導したのが、お雇い外国人のルイス・ベーマーです。北海道の近代農業普及に大きく貢献したベーマーですが、ドイツでは宮廷庭師の下で修業を積み、アメリカでも園芸家として造園業者の下で働いた経験を持っていました。

その後、偕楽園と種々の施設は市内各所に分散してゆき、87年に中島公園が整備されると、公園としての機能は次第に薄れていきました。97年には清華亭を含む一帯が、実業家で後の札幌区長・対馬嘉三郎に払い下げられ私有地となります。さらに、対馬から別の人物に所有権が移ると、清華亭は20年近く、借家の一般住宅として使われました。この時期に周辺の宅地化が進み、地形上の制約もあって、一帯は雑然とした住宅密集地となっていきます。

昭和初期には、明治天皇行幸の休憩所が一般住宅として利用されることへの批判が高まり、１９２７年（昭和２）、郷土史研究家の河野常吉らを中心に清華亭保存会が結成され、私費で修理保存を行い、33年に札幌市へ寄贈しました。61年には、明治期の貴重な歴史的建造物として札幌市が有形文化財に指定し、70年代後半に建築当初の姿に戻す復元・修復工事が行われ、現在に至ります。

また、偕楽園緑地の一角には、井頭（読みは「いのがみ」「いがしら」など諸説あり）龍神が祀られていました。明治天皇行幸の際、この湧水で手を洗ったことから御膳水として知られるようになり、50年には水神を祀る小さな祠が建てられるなど付近の住民が大切にしてきました。しかし、老朽化などで維持管理が困難となり、２０２１年10月に惜しまれながら解体されています。

札幌駅とその周辺の都市開発は、１９５１年に４代目の札幌駅舎とその地下に札幌ステーションデパートが完成するなど、その後も進展します。その頃になるとメム（湧泉）は涸れ、池の跡地は琴似サクシ広場と呼ばれるようになりますが、79年にかいらくえん公園となり、現在は偕楽園緑地として整備されています。

4　養蚕業の発展を目指した酒田桑園――桑園

桑園は中央区にある通称の地名です。桑園地区連合町内会の範囲を参考にすると、ＪＲ桑園駅を中心に、鉄道の南側は北１条以北の西８～22丁目界隈まで。鉄道の北側は札幌競馬場を取り囲むようにした北22条西15丁目までとなります。地区の小学校、公園、病院などにも桑園の名が使われており、地名として定着しています。

地域には札幌市中央卸売市場、道立近代美術館、北海道知事公館、北海道大学植物園などがあるほか、１９８８年（昭和63）の鉄道高架化を契機に桑園駅周辺の大規模な再開発が進み、市立札幌病院、ショッピングセンター、マンションなどが建設され、街並みは大きく変貌しています。

開拓当初、開拓使長官の黒田清隆は、殖産事業の一つとして養蚕《ようさん》業を奨励。１８７５年（明治8）、開拓使本庁官園の北西（現・西8丁目以西）に広がる原野を模範園として、桑園を開設しました。南縁は南１条から大通あたりで、琴似川より東の一帯です。

黒田長官は、旧庄内藩出身の松本十郎判官と相談し、同年に酒田県（現・山形県）の旧庄内藩士約１５０人を開墾のために招聘《しょうへい》します。6月から9月までの短期間に開墾を進め、約69ha（約21万坪）に桑苗4万株を植栽したことから「酒田桑園」と呼ばれるようになりました。9月に開拓使は慰労の宴を開き、贈られた西洋農具や洋牛2頭などを受け取って庄内に帰郷しました。

やがて、開墾地は約１５８ha（48万坪）にまで拡大し、北1条西8丁目には養蚕場もできました。大正期までの桑園地区への移住者は、どんな職業に就いても蚕を飼う約束になっていたそうです。84年頃には、札幌県令の調所広丈《ちょうしょひろたけ》が桑園西部の約33ha（10万坪）の払い下げを受け、野菜を生産する桑園牧場を開設したことから、調所開墾と呼ばれました。

96年の地形図を見ると、すでに北1条から北5条通まで街路が形成され、さらに西12丁目あたりから西は圓山村との境界まで街区が設定されています。１９２７年（昭和2）には、札幌駅から第二中学校（北3条西19丁目、後の札幌西高校）裏まで市電北5条線が、29年には桑園線（北5条線に接続して

1875年〈明治８〉撮影の旧庄内藩士族〈白井組〉。札幌桑園の開発にあたった
（北海道大学附属図書館所蔵）

1877年〈明治10〉撮影の札幌養蚕室。開拓使勧業課所管として75年、中央区北1条西8丁目に設置された（北海道大学附属図書館所蔵）

桑園駅前まで）が開通し、都心部へのアクセスが整い利便性が高まったことから、桑園地区の市街地化が一気に進んだと言われています。

その桑園地区にある北海道知事公館は、敷地内に地域の開墾史が刻まれた桑園碑が建つシンボル的存在です。そもそもは１８９２年、北１〜３条西15、16丁目の一帯の払い下げを受けた森源三（元・札幌農学校長）が、そこに邸宅を建てて養蚕に従事したことに始まります。

１９１５年（大正４）には、この敷地と邸宅を三井合名会社が購入し、三井別邸として接客などに利用。36年（昭和11）には、その隣に新館が建てられます。施設は第二次世界大戦後、日本を占領した進駐軍による接収、札幌市の所有などを経て、53年に道の所有となり、現在は新館が北海道知事公館となっています。知事公館は内部を見学できるほか、敷地内の緑豊かな小公園は一般開放され、市民の憩いの場となっています。

5　北海道の〝旬〟が集まる札幌の台所——札幌市中央卸売市場

中央区北12条西20丁目にある札幌市中央卸売市場は、約13 haの敷地内に水産棟、青果棟、定温倉庫、配送センター、立体駐車場などを備えており、東京より北では最大の取扱額を誇る中央卸売市場です。

１９５０年（昭和25）、旧国鉄函館本線の桑園駅構内にあった引込線用地を利用し、生鮮食料品の荷捌《にさばき》場を開設したのが始まりです。しかし、桑園駅を貨物駅として整備することになり、用地の返

1958年〈昭和33〉撮影の建設工事が進む北海道博覧会桑園会場
(札幌市公文書館所蔵)

1960年代撮影と思われる札幌市中央卸売市場への引き込み線。右手が1959年〈昭和34〉開業の札幌市場駅のホーム(出典：札幌市中央卸売市場HP「札幌市場フォトアーカイブ」)

還を求められたため、52年に閉鎖せざるを得ませんでした。

その後、54年に新たに用地を取得して建設に着手し、58年には各施設が完成します。しかし、敷地の一部がこの年の夏に開催された北海道大博覧会の桑園会場に使われたことから、施設の一部が物産館などとして利用された後、59年12月に青果部、60年4月に水産部がそれぞれ業務を開始し、全国で17番目の中央卸売市場として開設されました。

その後、人口増による取扱量の増加で施設が手狭になり、新たに東部市場の建設が71年策定の札幌市長期総合計画に盛り込まれました。そのための用地も、白石区（現・厚別区）の札幌市大谷地流通業務団地内に約15ha取得します。しかし、人口増の鈍化やそれに伴う消費需要の減少という推計もあり、既存市場の再開発が最適と判断され、東部市場の計画は90年に中止となりました。

また、98年から再整備事業が進められ、２００７年までに主要な施設が全面的に建て替えられました。これに伴い、水産棟と青果棟を独立させた全面屋根付き市場とし、天然ガスを燃料とする小型搬送車を導入するなど環境にも配慮した、新時代の市場に生まれ変わっています。

２０２１年7月現在、青果、水産を合わせて卸売業者3社、仲卸売業者51社、小売に携わる売買参加者と買出人約６９０人に加え、精算業、運送運搬業など関連企業約20社が業務を行い、21年度の取扱額は、約１４１４億円でした。

そのほか中央市場の南側に隣接して、市場で売買された青果物、水産物の小売、飲食店、加工食品店、梱包資材店など50店以上が密集する場外市場があります。最近は、外国人観光客も含めて大勢の観光客で賑わう観光スポットの一つとなっています。

6　北大教授が暮らしたモダン住宅地――桑園博士町と大学村

かつて桑園博士町と呼ばれる一角が、桑園地区の北東部、中央区北6条西12丁目周辺にありました。東北帝国大学農科大学が北海道帝国大学となった大正期、欧米への留学経験を持つ農学部の教授たちが、この周辺に次々とモダンな洋風住宅を建てたことから名付けられたものです。

植物学者で初代植物園長を務めた宮部金吾らが、留学時に体験した欧米のライフスタイルを実践するべく、電気・水道・ガスなどを備えた近代的な自邸を建設しました。中でも、北6条西13丁目にあった宮部邸の跡地は、宮部記念緑地として残され博士町の歴史を伝えています。

一方、東区には大学村と呼ばれる地域もありました。1950年（昭和25）、北26～27条東3～5丁目に、進駐軍施設の解体資材などを利用した75戸の木造住宅が建設され、10万円住宅とか文化住宅と呼ばれました。これらは、桑園の文化住宅とは比較にならないほど質素なものでした。

この大学村の住宅は、第二次世界大戦後の混乱期に住宅供給が逼迫したことから建てられたもので、そこに北大の教職員が多数入居しました。アイヌ語言語学者の知里真志保や丹羽貴知蔵（金属学者、元北大学長）、小林晴夫（工学者、元室蘭工業大学長）などもここで暮らしており、桑園博士町に比肩する英才が集まった戦後生まれの新しい博士町だったのです。

この一帯は、もともと北大第三農場でした。1889年（明治22）年、札幌農学校が道庁から支給された札幌村烈々布《れつれっぷ》の開拓用地は一時期、同校の同窓会組織である札幌同窓会の第二農園として開

1984年〈昭和59〉撮影の中央区北６条西13丁目にあった宮部邸。撮影当時は宮部記念会館として保存・活用され、跡地は宮部記念緑地になっている（札幌市公文書館所蔵）

1928年〈昭和３〉頃撮影のサクシュ琴似川。遊水池から湧き出し、中央ローンを流れていた（北海道大学 大学文書館所蔵）

墾されたことから、茨戸開墾地と呼ばれました。その後、約315haの北大第三農場となり、小作人により営農されますが、第二次世界大戦後の農地改革により土地の大半は売却され、多くがしばらく営農を続けました。

こうした開墾の歴史を記した成墾紀念碑が、かつて農場の管理事務所があった北26条東1丁目に建てられ、後に北26条東3丁目に移設されて今も残っています。農場の一部は国有地のまま残り、国家公務員の公宅やアパートが建設されました。1960年頃から周辺の宅地化が進みますが、それまでの大学村は、畑の中にポツンと佇む孤立集落のようだったといいます。

58年に北園《きたその》小学校が開校するまで、北26条東3丁目に大学村幼稚園があるだけだったので、幼稚園の敷地内で地区の運動会などが行われるなど、地域住民の交流の場となっていました。61年には、北26条東4丁日に北大生協が初めての学外店舗を開きます。そして65年には、北大生協を母体にした札幌市民生協（現・コープさっぽろ）が、初の店舗として大学村店を北25条東3丁目に開き、90年代まで地域住民の生活を支えていました。

かつて北26条通には、北26条東4丁目にバス停・大学村があったほか、82年に誕生した北28条東4丁目の公園「大学村の森」やその近くの銭湯・大学湯にその名をとどめています。

7　北大キャンパスを流れる川――サクシュ琴似川

北区の北海道大学構内を流れるサクシュ琴似川は、2004年に完成した河川の再生事業によって復活した人工河川で、北大では「サクシュコトニ川」の名を採用しています。

構内の中央ローン南端（北8条西7丁目）にある水源は、札幌市水道局藻岩浄水場での浄水過程で生じた放流水を導水管で引いたものです。構内を北流して北西端、石山通と環状通の交差点（北19条西13丁目）付近で暗渠となり、桑園新川と合流した後、琴似川に注ぐ約2・7㎞の川です。

15年の地形図に河川名はありませんが、1971年の1万5千分1都市機能図にはサクシュ琴似川と記載されています。古河川の流路がわかる明治期の地図をみると、中央区北5条西8丁目の旧伊藤義郎邸付近のメム（湧泉）、そのすぐ北側の偕楽園緑地内の湧泉ヌプサムメムなどを水源とする小河川が北大の構内へ流れ込み、構内北西部から流れ出て琴似川に合流していました。

1810年頃（文化年間）の絵図にも「シヤクシコトニ」とあり、その後の古図・文献にも、サクシコトニ、サクシュウ琴似川、サクシュコドネイ、シヤクウシコトニ、シヤクシコトニ、シヤクシュコトニ、シヤツクコトニ、杓子琴似川など、さまざまな地名で記載されています。

語源について永田方正は「前川。前を流る低川の義」（『北海道蝦夷語地名解』）、山田秀三は『札幌のアイヌ地名を尋ねて』（楡書房、1965）で「サ・クシ・コトニ 浜の方（豊平川に近い方）・を通る・コトニ川」と解説しています。琴似川の東側を流れていたので、山田の解釈が妥当と考えられます。

構内では、この流れに沿うように続縄文文化期と擦文《さつもん》期の住居遺跡が見つかったほか、アイヌ文化期の漁撈《ぎょろう》の道具なども発掘されており、川との深い結びつきの中で生活をしていたとみられます。かつてはサケが遡上しており、1917年に手づかみで捕獲した逸話が残り、昭和までサケが泳ぐ姿が見られたといいます。また1930年頃までは、サクシュ琴似川の流路だった中央ローンの窪地に水を溜め、氷結させてスケート部の練習用リンクにしていたこともあったそうです（岩沢健蔵『北大歴史散歩』１９８６、北海道大学出版会）。しかし50年代以降は、周辺の都市化による地下水位の低下により水源が枯れ、近年の復活まで水辺の風景は幻となっていました。

8　琴似川、幻の川筋――ケネウㇱペッ・ヨコウㇱペッ・セロンペッ

ケネウㇱペッ、ヨコウㇱペッ、セロンペッは、いずれも中央区と西区をまたがって流れる琴似川（ケネウㇱペッ）の本流や、これに合流していた支流、さらに下流で幾筋にも分流していた小さな川に付けられた河川名です。ほかにもポンコトニ、ポロコトニ、シンノシケコトニなどの河川名がありますが、現在まで残るアイヌ語地名はサクシュ琴似川だけです。

いずれもすでに消失してしまったものが多く、現在のどの場所を流れていたのかを特定するのは困難です。山田秀三が『札幌のアイヌ地名を尋ねて』（１９６５）で、かなり詳細なフィールドワークを重ね論証していますが、不明な点も数多くあります。

現在の琴似川は、中央区宮の森１条18丁目付近の盤渓峠北東麓に水源があり、神社山と荒井山の間を北へ流れ、市営地下鉄東西線二十四軒駅のすぐ東側からしばらく暗渠《あんきょ》となり、その後に新川へ合流する全長約７・７ｋｍの河川です。

明治の開拓期以前、琴似川にはいく筋もの小河川が合流し、さらに複雑に分流しながら北東へ流れ、篠路太《しのろぶと》（現・北区篠路４条付近）で伏籠札幌川（現・伏籠川）に合流して、最後は石狩川（現・茨戸川）

に流入していました。サクシュ琴似川などが合流する現在の北区北23西14条付近から伏篭札幌川に合流するまでの間は、シノロ（川）と呼ばれていました。

1870年（明治3）に大友堀（現・創成川）が延長され、北区麻生町付近で琴似川に接続し、さらに86年にはこの合流地点から茨戸までが開削されたことで、この部分を琴似新川、合流地点から上流を古川としばらく呼んでいました。

また88年には、北区北23西14条付近から北西に向かって日本海まで、原野の排水を目的に新川が開削されました。96年の地形図では、本流が創成川に合流しています。現在は周辺が市街化されたことで、複雑な流路全体を確認することはできません。しかし一部が残り、栄緑《さかえみどり》小学校（北区北51条東10丁目）界隈から旧琴似川として北へ約3・4㎞流れ、伏籠川に合流しています。

『北海道蝦夷語地名解』では、まず篠路川筋を「赤楊《ケ子ウシュ》川琴似川ノ二流合シテ篠路川トナリ篠路太ニ至リ舊札幌川ニ注ク」と説明。ケネウㇱペッについては「ケネ ウシュ ペッ　赤楊《ハンノキ》川」「ポロ ケネ ウシュ ペッ　赤楊ノ大川」「ポン ケネ ウシュ ペッ　赤楊ノ小川」などとしています。

一方、『札幌のアイヌ地名を尋ねて』では、ケネウㇱペッを「公称『琴似川』、札幌平野の一番西の川で、通称は十二軒川、荒井山スキー場の下を流れ、宮の森を通っている小川である（一部略）」とし、語義を「ケネ・ウㇱ・ペッ 榛《はん》の木（赤楊）・群生する・川」と解説しています。

主要な古書、古地図には、他にもさまざまな表記が見られ、ケネウスヘツ、ケネウシヘ、ケネウシベ、ケニウシヘッなどがあります。多くの史料に記載されていることから、ここがアイヌ民族の生活空間として重要な場所であったことがうかがえます。

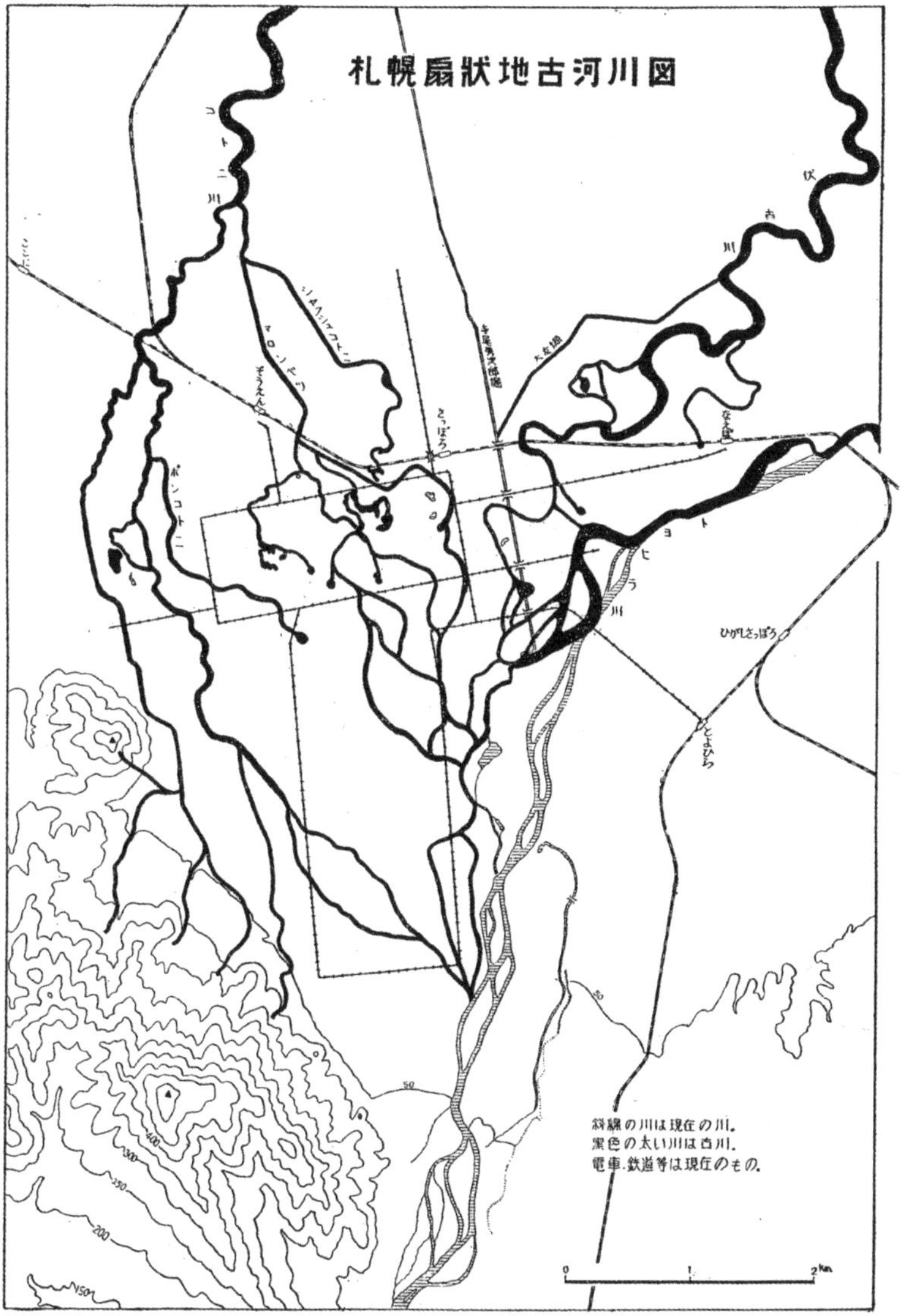

札幌扇状地古河川図（出典：『札幌市史 政治行政編』札幌市役所、1957年［昭和32］）

1857年（安政4）には、早山清太郎が現在の宮の森2条10丁目付近の琴似川河畔に入植し、水田耕作に成功しています。その実績から石狩役所の荒井金助の命により、改めて篠路に入植して開祖となりました。「札縨郡西部図」には琴似川河畔に十二戸と地名が記され、1916年（大正5）の地形図には十二軒とあります。

「札縨郡西部図」には、南区の砥石山（826m）にもケ子ウスの地名があります。これについて関秀志編著『札幌の地名がわかる本』(5)（亜璃西社、2018）で宮坂省吾(6)は、ケネウㇱペッなどの古名のある琴似川の源流部に近いと見立て違いをしたためだと解説しています。また登山家グループは、中央区盤渓にある344mの峰をケネウシ山と名付けています。これはアイヌ語で呼ばれていたのではなく、ケネウㇱペッの源頭にあることから便宜的に付けたもののようです。

ヨコウㇱペッは、『北海道蝦夷語地名解』ではケネウシユ川筋と注釈があり、「ヨコ ウㇱュ ペッ 矢川『ヨコ』ハ箭ヲ弓ニ注ク意　川水ノ直流ニ名クト云フ然レトモ括槍ヲ以テ魚ヲ覘フモ亦『ヨコ』ト云フ　括槍ニテ魚ヲ突キ取ル處ノ義ナルベシ此名處々ニ之レアリ」とあります。そのほか、ヨウコシベ、ヨコㇱペッ、ヨコチベツ、ヨクシヘツ、よこちべつ川など、表記はさまざまです。

これは現在、中央区を流れる円山川です。藻岩山北西側の尾根に水源があり、円山西町を北へ流れ、円山の西側を迂回して円山公園に流入し、下流の二十四軒駅付近で琴似川に合流します。かつては養樹園沢、神社川、滝ノ沢などとも表記されていました。

セロンペッは、中央区の北海道大学植物園内の湧泉ピㇱクㇱメㇺを水源に園内から北へ流れ、琴似川に合流していました。『北海道蝦夷語地名解』では、「セロンペッ　蒸籠《せいろう》川『セイロウ』の訛ナリアイヌ語ニアラス」と解説しています。アイヌ語ではチェプンペッと呼ばれており、チエフンベツなどの表記もあります。山田は「チェプ・ウン・ペッ（魚が・そこに入る・川）」と説明し、同様にセロヲンヘツ、マロンヘツなどの記載もあります。

【2章 註】

＊1　シリコンバレー　米国カリフォルニア州サンフランシスコ湾南部にある地域一帯の通称。立地する半導体企業の主原料シリコンと地形から呼ばれました。アップル、グーグルなどＩＴ関連産業の拠点となっています。

＊2　豊平川扇状地　豊平川が形成した扇状地で札幌扇状地ともいう。南区真駒内付近の標高80～90ｍを扇頂に、北区の札幌駅北側の標高15ｍあたりまで緩やかに傾斜する沖積平野をいいます。

＊3　メム　アイヌ語で湧泉や周囲の池をいいます。偕楽園の池はヌプサムメム（野・の傍の・湧泉）と呼ばれていました。扇状地の扇端部で伏流水が湧き出て泉となり、これを水源とした河川が発達しました。

＊4　御手作場　江戸時代末期、蝦夷地に設けられた幕府が経営する開墾地のことです。

＊5　札幌の地名がわかる本　歴史、地質、地理などの研究者17人が、札幌の地名をテーマに歴史や自然、社会など幅広い視点から解説した書籍。２０２２年に増補改訂版を刊行しています。

＊6　宮坂省吾（みやさか・せいご、１９４３～）　理学博士、地質コンサルタント、元日本地質学会北海道支部長。『札幌の自然を歩く――道央地域の地質あんない〈第3版〉』（北海道大学出版会、２０１１）、『北海道自然探検 ジオサイト１０７の旅』（北海道大学出版会、２０１６）、『揺れ動く大地――プレートと北海道』（北海道新聞社、２０１８）などの共著があります。

3章　近郊の山から札幌を一望

1　名前が入れ替わった山——インカルㇱペ・藻岩山

2023年に人口197万人を超えた札幌は、東京、大阪、名古屋、福岡とともに全国5大都市圏の仲間入りを果たしています。しかし、市街地の南西には緑豊かな山々が連なっており、大都市としては自然に恵まれた街と言えます。

札幌周辺にはいくつもの山々がありますが、最初は藻岩山（531m）から始めましょう。アイヌ語で「インカルㇱペ」と呼ばれ、「インカル（見る、眺む）・ウㇱ（何時もする）・ペ（もの、処）」という意味を持ちます。[1] 山頂からは札幌市街が広がる石狩低地を一望できるほか、暑寒別や夕張の連山も遠望できます。

文献や古地図では、インカルシベ山、インカルシュベ山、エンカルシヘ、エンカルシベ、エンカルシヘノホリ、笑柯山、陰柯山、臨眺山など、実に15通りもの地名が確認できます。モイワとは、「モ（小さい）・イワ（山）」の意で、もとは円山を指すアイヌ語地名でした。しかし、アイヌ民族から聞きとった和人が、山を取り違えて記録してしまったというのが定説です。(2)

1891年（明治24）に北海道庁が作成した「20万分の1実測切図　札幌」には、藻岩山の位置に「インカルシベ山」と記され(3)、円山も現在地に「圓山」と記載されています。初めて藻岩山の地名表記が登場するのは、96年に発行された最初の地形図、帝国陸軍陸地測量部製作「北海道假製五万分の1圖　札幌」で、一方の圓山（円山）も現在の位置にあります。それ以降に発行された「札幌市街之図」（1901）にも藻岩山と記されており、インカルシベのアイヌ語地名が消えたのは、96年の地形図からだったようです。

知里真志保は、モイワの「イワ」は単なる山の意ではなく「カムイ・イワク・イ（神・住む・所）」の省略形と解説し、もともと祖先の祭場がある神聖な山を指すとしています。いずれにしても、藻岩山、円山の両峰とも、アイヌ民族にとっては神聖な山だったと言えそうです。また円山には71年、大《おお》国魂神《くにたまのかみ》などを北海道鎮護の神と定めた札幌神社（現・北海道神宮）が建立されています。(4)

藻岩山は、280万〜240万年前の火山活動(5)で噴出した安山岩(6)が山体を形成しています。南東方向に突き出た「軍艦岬」は、その最初の溶岩でつくられた部分で、かつては砕石の砕石場もありました。話が逸れてしまいましたが、ともかく藻岩山は、その後に周囲の軟らかい堆積岩層が侵食され削り残された、いわゆる骸骨火山と言えます。

92年、アメリカの著名な植物学者チャールズ・S・サージェントが、藻岩山の森林植生を観察しました。その際、ハルニレ、カツラ、シナノキなど冷温帯性の落葉広葉樹を中心に、エゾマツ、トド

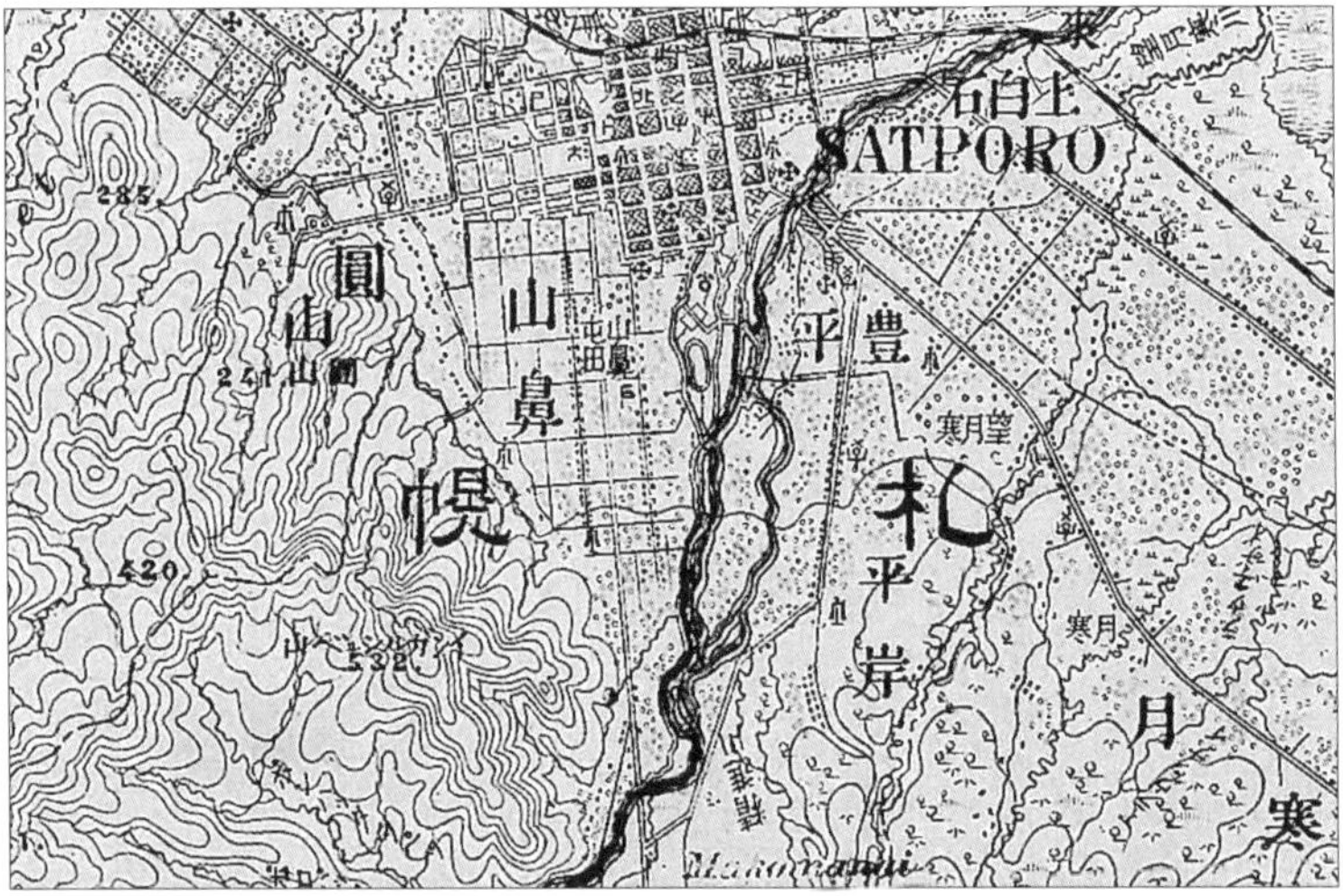

左下の「インカルシベ山」が現在の藻岩山にあたる
(出典：「20万分の１実測切図 札幌」1891年［明治24］、北海道庁)

1958年〈昭和33〉撮影の開業当時の藻岩山ロープウェイ〈現・札幌もいわ山ロープウェイ〉。
写真中央奥に建設中の仏舎利塔が見える（札幌市公文書館所蔵）

マツなどの針葉樹も含め、１００種余りの樹種が小さな山体に自生するのは、「世界的にも注目すべき混合林である」と指摘しています。しかも、雪解けと同時にコブシの白い花が咲き、やがて新緑の季節を迎え、秋は色とりどりの紅葉に彩られる、印象派の点描風景画を連想させる山ですから、１９２１年（大正10）に国の天然記念物に指定されたのも当然のことでしょう。

１９４７年（昭和22）には、北東斜面に日本初のリフトを備えた進駐軍専用の札幌スキー場が造られました。しかし58年、第13回国民体育大会スラローム会場として使用されたのを最後に、自然保護のため閉鎖され、現在は植生も回復しています。

藻岩山の観光開発は50年代後半から本格化し、58年には北斜面に藻岩山ロープウェイ（現・札幌もいわ山ロープウェイ）が完成しました。前年には南山麓に有料の藻岩山観光自動車道路が山頂付近まで開通しています。60年、南東斜面で札幌藻岩山スキー場が営業を開始し、現在はナイター照明と5基のリフトが整備され、家族連れで楽しめます。

札幌市街地を一望できる山頂の展望台は観光客の人気が高く、２０１８年度に藻岩山を訪れた観光者数は86・6万人を数え、円山動物園に次ぐ多さです。とりわけ夜景の美しさで知られ、北九州、長崎とともに新日本三大夜景都市にも認定（22年）されています。11年には、ロープウェイの中腹駅と山頂を結ぶミニケーブルカー「もーりすカー」が新設されました。

また、ロープウェイ眼下の標高１８０ｍあたりには、通称「平和の塔」（高さ33ｍ）が立っています。１９５９年に完成したこの白い仏舎利塔は、インドのネール首相から贈呈された仏舎利を安置するためのもので、藻岩山のランドマークとして市民に親しまれています。

2　消えたアイヌ語地名を探して——オペッカウシ・ケネウシ・エプイ・ハチャムエプイ・庫山・家山

オペッカウシ、ケネウシ、エプイ、ハチャムエプイ、庫山《プーネシリ》、家山《チセネシリ》——どれもこれも聞いたことのない地名です。それもそのはず、これらはすでに消えてしまったアイヌ語地名で、それぞれどこを指す地名なのか、その場所を特定することはもはや難しくなっています。

「連山は（中略）其の南端に在るを臨眺山《イシガルシベヤモ》といふ、登臨絶佳の山なり、其西に赤楊山《ケ子ウシ》あり、近くして小なるを小山《モイワ》といふ、圓山《マルヤマ》の元名なり、札幌神社の背後にあるを蕾山《エプイ》といひ、岩塊を戴きたる山を山崎《オペッカウシ》といふ庫山《プー子シリ》あり、家山《チセ子シリ》あり（一部加筆）」と『札幌沿革史全』には記されています。

また、永田方正は『北海道蝦夷語地名解』で、オペッカウシに「山崎の岸又小山トモ云フ圓山ノ北方ナル小圓丘ナリ或ハ圓山ト云フハ非ナリ一名『ハチヤムエプイ』ト云フ」と説明しています。これらの中で現存する地名は、圓山（円山、２２５ｍ）のみで、あとはすべて消滅したアイヌ語地名となります。明確に現在の地名と照合できるのは、臨眺山が藻岩山（５３１ｍ）だということくらいです。

赤楊山は、船越長善作「北海道石狩州札幌地形見取圖」（１８７３）では「金牛山」、「札縨郡西部図」では「ケネウス」という地名で表記されています。宮坂省吾は『札幌の地名がわかる本』（２０１８）で、これが砥石山（８２６ｍ）で、蕾山は三角山（３１１ｍ）であるとしています。

山田秀三は『札幌のアイヌ地名を尋ねて』（１９６５）でケネウシ、エプイ、オペッカウシなどの場所についても推測しています。ケネウシは大体幌見峠附近の山地の称とし、エプイは円山動物園を挟んで西側に位置する神社山（２３７ｍ）こと別称・小円山《しょうまるやま》である可能性を指摘しています。とにかく、場所の特定は難しい問題です。

『北海道蝦夷語地名解』では「ハチャム　エプイ」を、「櫻鳥ノ小山　直譯櫻鳥ノ蕾『エプイ』ハ蕾ナリ取テ小川ノ義ニ用ユ此例多シ一名『オペツカウシ』ト云フ」と説明しており、ハチャム　エプイとオペッカ　ウシが同一地点の地名であるように読み取れます。

知里真志保は『地名アイヌ語小辞典』（北海道出版企画センター、１９５６）で、「オペッカウシ　川岸が高い岡になって続いている所」と説明しています。永田や知里が説明する「岩塊を戴きたる山」「山崎の岸」「川岸が高い岡」に相当する場所は、おそらく三角山の北側、西区山の手７条８丁目あたりまで連続する丘陵状の斜面一帯を指すと考えられます。

その西側を北へ流れる琴似発寒川が、三角山西側の斜面を侵食して崖状の河岸を形成していることから、西区西野４～８条１丁目市街地の対岸（琴似発寒川右岸）が、山田の説明と一致します。おそらく、三角山の形状が蕾《つぼみ》のようでもあり、「岩塊を戴きたる山」と観察した上で記述したものと考えられます。

また、琴似発寒川筋にある庫山《プー子シリ》、家山《チセ子シリ》について永田は、その形状から名がつけられたことに加え、家山《チセ子シリ》が「チライオチ（いと魚川）」の水源にあると記載しています。一方、松浦武四郎は『西蝦夷日誌』（１８６３）に、「『シイハツシャブ』（琴似発寒川本流）、源フウネシリ（高山）、この山椴《とど》の木計《ばかり》なり。此の岳ヨイチ岳につづく（一部加筆）」と説明し、同じく松浦の「東西蝦夷山川地理取調図」（１８５９）に

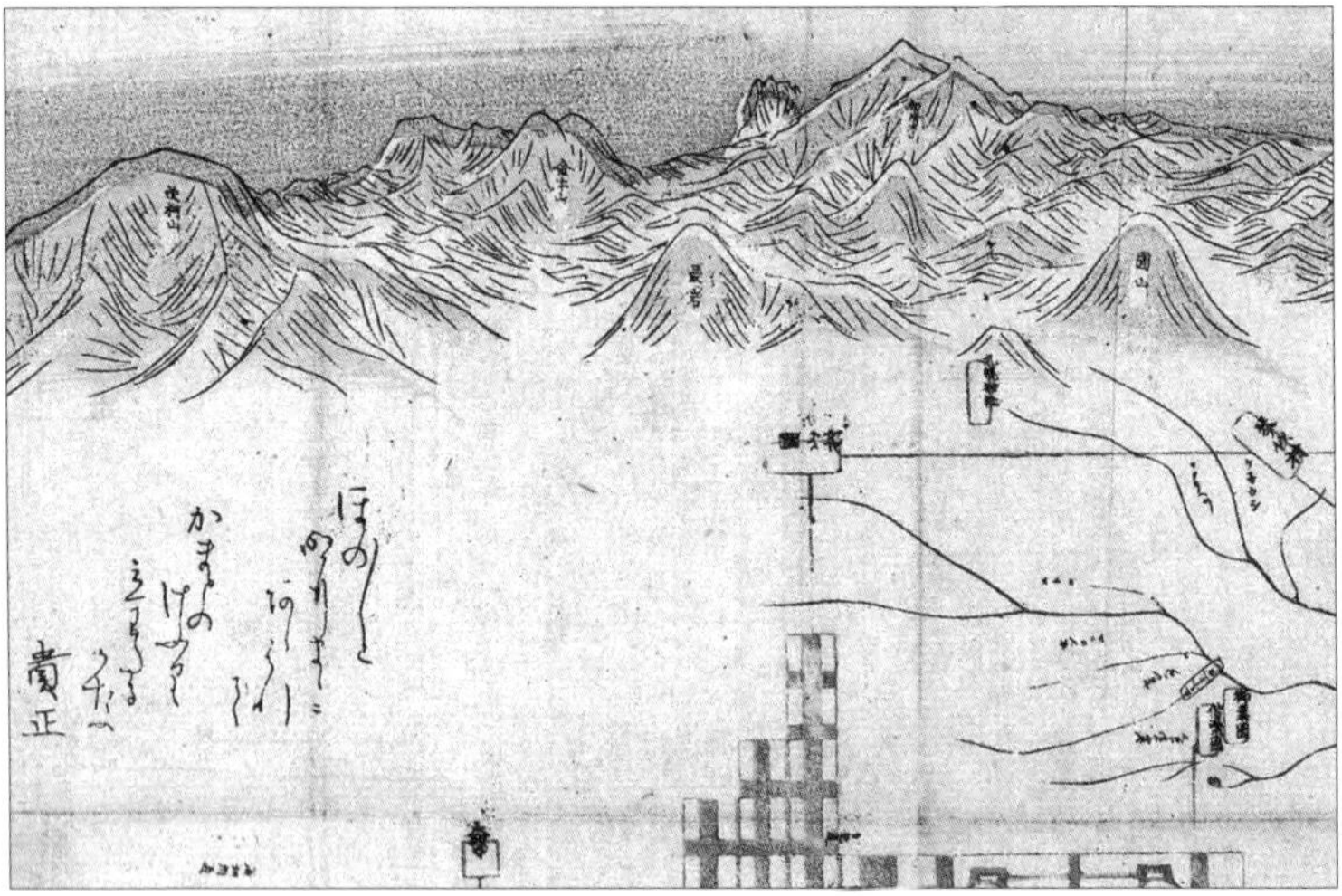

山地最前列右から「圓山」「最岩」「陰柯山」の山名が並ぶ
（出典：「北海道石狩州札幌地形見取圖」1873年［明治６］、福穂堂発行／船越長善作、部分）

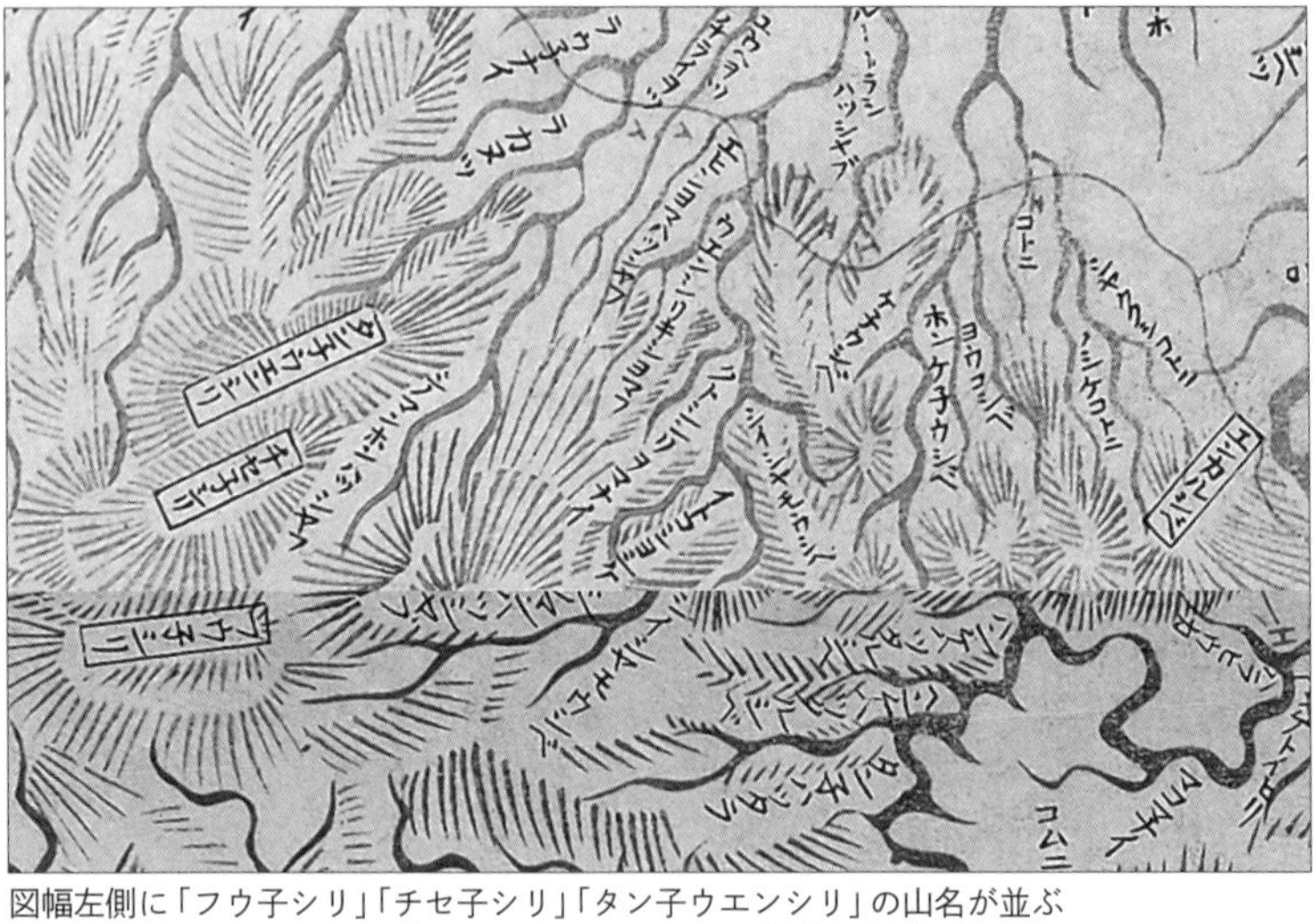

図幅左側に「フウ子シリ」「チセ子シリ」「タン子ウエンシリ」の山名が並ぶ
（出典：松浦竹四郎「東西蝦夷山川地理取調図」1859年［安政６］、部分）

は、フウ子シリ、チセ子シリ、タン子ウエンシリが、南から北にかけてほぼ一直線に描かれています。タン子ウエンシリは、手稲山北麓の急崖をなす山体の地名で、家山《チセ子ネシリ》が手稲山、庫山《プー子ネシリ》が阿部山（703m）となり、その南山麓に源流部のあるエキショマサツホロが宮城沢川と考えられます。いずれも山の形状からついた地名で、手稲山は東側から眺望すると山頂部の平坦な稜線がチセ（家）に似ています。阿部山も北西の琴似発寒川上流から見ると庫《プー》（高床式倉庫）の形に似ています。

3　温泉も経営した医院長の名が山名に――荒井山（荒井保吉）

荒井山（185m）は中央区宮の森にある小さな丘で、このあたり一帯を所有した地主の荒井保吉に由来する地名です。それまでは十二軒沢と呼ばれていましたが、戦後の字名《あざめい》改称で宮の森となりました。しかし、荒井山の名はスキー場として広く市民に親しまれており、1975年（昭和50）の地形図にも荒井山と記載されています。

東京生まれの荒井は、帝国大学医科大学助手を経て1896年（明治29）、公立札幌病院へ招聘された後、99年に同病院を退職。その後、大通西1丁目で内科・産婦人科荒井病院を開業しました。1901年の札幌市街之図に「荒井医院」、11年の札幌市街之図には「荒井病院」とあります。

また荒井は、荒井山南麓で円山温泉遊仙館も経営していました。この温泉は00年に発見した小泉建治が経営していましたが、06年に荒井が経営を継承しています。16年（大正5）の地形図には円山温泉と記されていますが、いつ頃まで荒井が経営を続けていたかはわかっていません。

大正前期撮影の荒井病院〈中央区大通西１丁目〉（出典：『札幌開始五十年記念写真帖』北海道農会、1919年［大正８］／北海道大学附属図書館所蔵）

1929年〈昭和４〉撮影の荒井山記念シャンツェ。この年に完成した（札幌市公文書館所蔵）

他の資料には、木村屋という休憩所があったとの記録もありますが、52年（昭和27）の地形図に温泉の所在は記載されていません。59年、北海道拓殖銀行研修所がここに移設されましたが、2002年に取り壊され、現在は宗教団体の施設が立っています。

昔からスキー場として地元で親しまれてきた荒井山は、1928年に秩父宮殿下が訪れ、スキーを楽しんだことで一躍有名になりました。翌年、ノルウェーのスキー指導者の助言で、40m級の荒井山（宮様）記念シャンツェが造られ、30年には荒井山を会場に第1回宮様スキー大会を開催。さらに56年にチェアリフト、60年にはナイター設備も整い、70年代中頃まで賑わいをみせました。

しかし、近郊に次々と大型のスキー場が開設され、スキー客は減少の一途をたどります。72年には札幌市に買収され、2000年のリフト廃止でスキー場としての役目を終えました。現在は荒井山緑地として整備され、「荒井山スキー場跡・宮様スキー大会発祥の地」の碑が立っています。

なお、ジャンプ台はスキー場閉鎖後、サマーヒルに改修されて夏季も練習できるようになり、主に小・中学生の練習場となっています。そのすぐ東側には大倉山小学校がありますが、この校名は「荒井山小学校」でもよかったのかな、などと思ってしまいます。

4　幻のオリンピック選手を讃えて――源ちゃんスロープ（岡村源太郎）

昭和初期、円山（225m）の南側、現在の中央区双子山2丁目界隈の住宅地に至る斜面は、源ちゃんスロープと呼ばれました。現在は跡形も残っていませんが、北大の学生などがスキーを練習した場所で、とくにスキー場として整備されたものではありません。

当時、宮様スキー大会が開催されるなどした荒井山は、すでにスキー場の体裁を整えていました。しかし、水道山（藻岩浄水場付近）や温泉山（旭山記念公園[7]あたり）、寺口山（赤坂山の山名も、現・北海道医療センター西側の斜面、西区山の手5条10丁目あたり）などにも、源ちゃんスロープのようなスキー遊びのできるスロープがいくつもありました。

源ちゃんとは、札幌出身で札幌二中（現・札幌西高校）から北大へ進学した岡村源太郎のことです。北大スキー部の部長を務め、ノルディック（距離スキー）の名選手として活躍しました。１９２６年（大正15）、樺太の豊原（現・サハリンのユジノサハリンスク）で開催された第4回全日本スキー選手権大会では、25㎞距離競技の2位に入賞。日本が初参加する、28年（昭和3）の冬季オリンピック・サンモリッツ大会（スイス）への出場も決まっていました。さらに、全日本学生スキー連盟の中心的役割を担う役員としても活躍した源ちゃんは、札幌スキー界を牽引する有名人でした。

27年の新聞には、「廣田戸七郎（通称・燻製さん）と岡村源太郎（通称・源ちゃん）の二人が学生服を脱ぎ、医学の研究に専念する」との記事があり、オリンピック出場後に引退する予定だったようです。廣田戸七郎はジャンプの選手として活躍し、サンモリッツ大会には監督で参加した人物です。

しかし、源ちゃんはこの年の10月、志半ばでこの世を去りました。報道では死因を「爇性《ねっせい》の病」と伝え、告別式が学友会館で行われたことのみが記載されています。爇性の病とは高熱の出る病気の総称で、肺炎、腸チフス、敗血症などが考えられます。

ともかく人望も厚く、多くの人から慕われた前途有望なスキー青年だった源ちゃん。ノルディッ

岡村源太郎肖像（出典：岡村源太郎『スキー・ディスタンス・レース 岡村源太郎遺稿集』山とスキーの会、1928年［昭和３］）

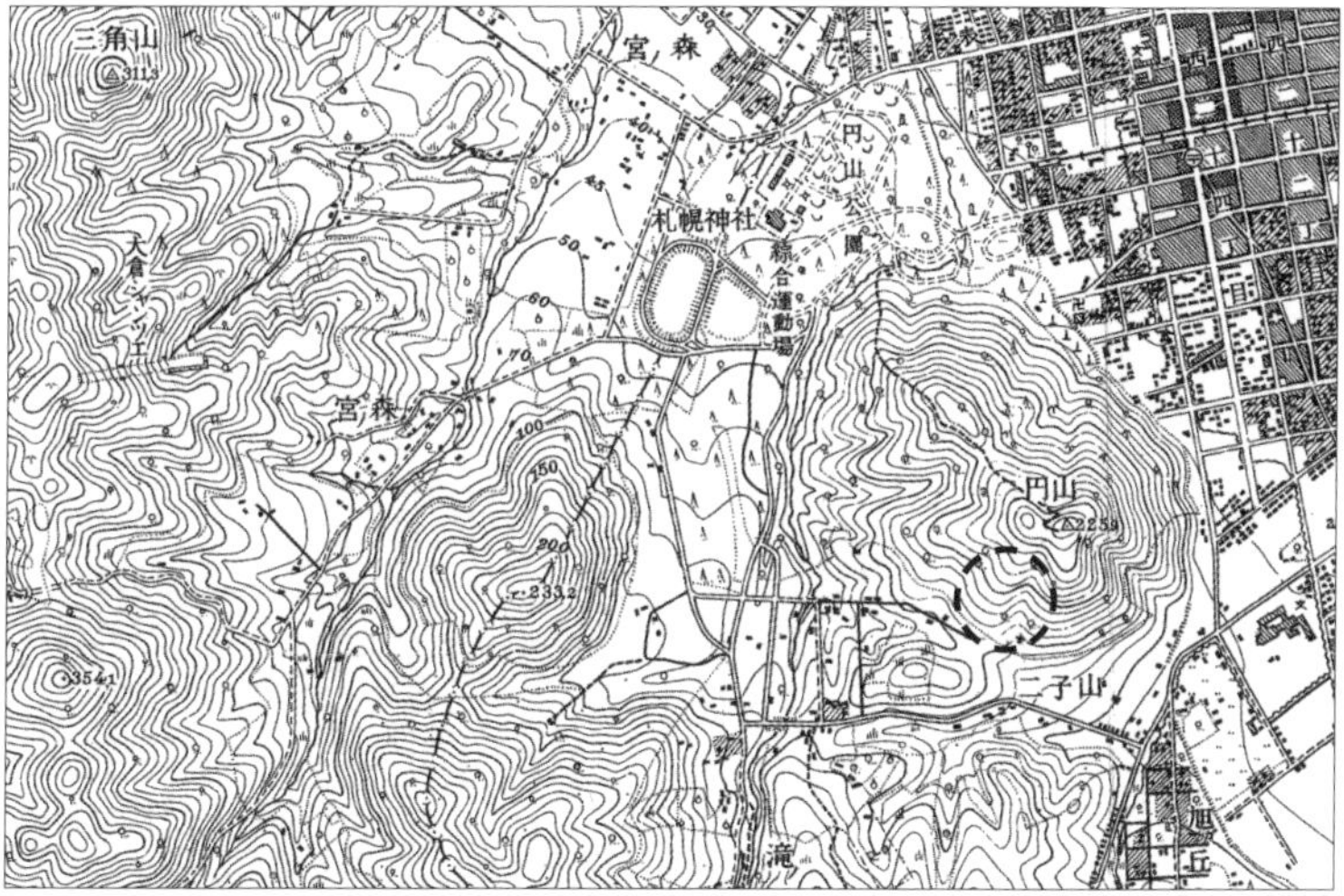

源ちゃんスロープは円山南側の点線で囲った部分にあったという（出典：国土地理院発行２万５千分の１地形図「札幌」〈1952年［昭和27］資料修正、53年発行〉）

クの選手ではありましたが、北大スキー部の一員としてこのスロープで、ゲレンデスキーの練習や後輩の指導などをしていたのでしょうか。そんな彼を知る多くの仲間たちが、「その名をスロープに残したい」と思ったとしても無理はありません。

戦後、藻岩山、温泉山、荒井山、三角山などがスキー場として整備される中で、いつの間にか源ちゃんスロープの名は消え、忘れ去られてしまいました。しかし、なんとも温かみのあるその素敵なネーミングには、幻のオリンピック選手を讃える仲間たちの思いが込められています。

5　シャンツェの名が転じて——大倉山（大倉喜七郎）

大倉山は、西区と中央区の区界に位置する標高３０７ｍの山で、荒井山のほぼ真西、三角山のほぼ真南に位置しています。もとは北海道神宮の所有地で、南西側山麓には西区福井で琴似発寒川に合流する小別沢川《こべつざわがわ》の支流の源頭があります。『札幌地名考』には、大倉山の位置が琴似村オンコの沢（琴似川へ流入する小沢）の高地であると書かれています。

この山には当初、名前がありませんでした。１９３１年（昭和６）、その東側急斜面に大倉シャンツェが建設されたことを契機に大倉山と呼ばれるようになり、52年の地形図に初めて大倉シャンツェの地名が登場しています。

大倉山の地名は、大倉財閥2代目の総帥・大倉喜七郎（１８８２～１９６３）の名にちなみます。喜七郎は、帝国ホテルを始め、ホテルオークラなどホテル業に大きな足跡を残した人物で、イギリスへの留学経験があり、囲碁、音楽、美術、カーレースなど極めて多彩な趣味を持っていました。28年、秩父宮殿下が来道した際、札幌に「国際級のスキージャンプ台をつくる必要がある」と提唱されたことから、翌年にはノルウェーからスキージャンプ台造りの第一人者といわれるヘルセット中尉が、選手2人とともに来日。三角山の東斜面に雪のジャンプ台を造り、選手が46mのジャンプを披露しています。そして31年、ヘルセットは大倉喜七郎から5万円ほどの建設資金を提供してもらい、その場所に60m級のジャンプ台を完成させ、札幌市に寄贈しました。

その翌年、ジャンプ台初の公式競技として全日本学生スキー選手権大会が開催され、開場式で喜七郎の厚意に謝意を表して「大倉シャンツェ」と命名することが発表されました。この時、初めて無名だった山に大倉山の名が付いたのです。

後に開催された72年の冬季オリンピック札幌大会(8)では、90m級ジャンプの会場となり、現在はサマージャンプやナイタージャンプも可能な設備が整う、正式名称・大倉山ジャンプ競技場となっています。今では毎年のように大きな国際大会が開催され、世界的に名が知られる競技場へと成長しました。

頂上の大倉山展望台(スタートハウス)までは、2人乗りのリフトが通年稼働し、多くの観光客に利用されています。高所恐怖症の人には一大決心が要りますが、展望台からは札幌市街はもちろん石狩平野や石狩湾が一望でき、とりわけ札幌市街の夜景は見事です。競技場内には札幌オリンピックミュージアムやレストランなどもあり、札幌を代表する人気観光スポットとなっています。

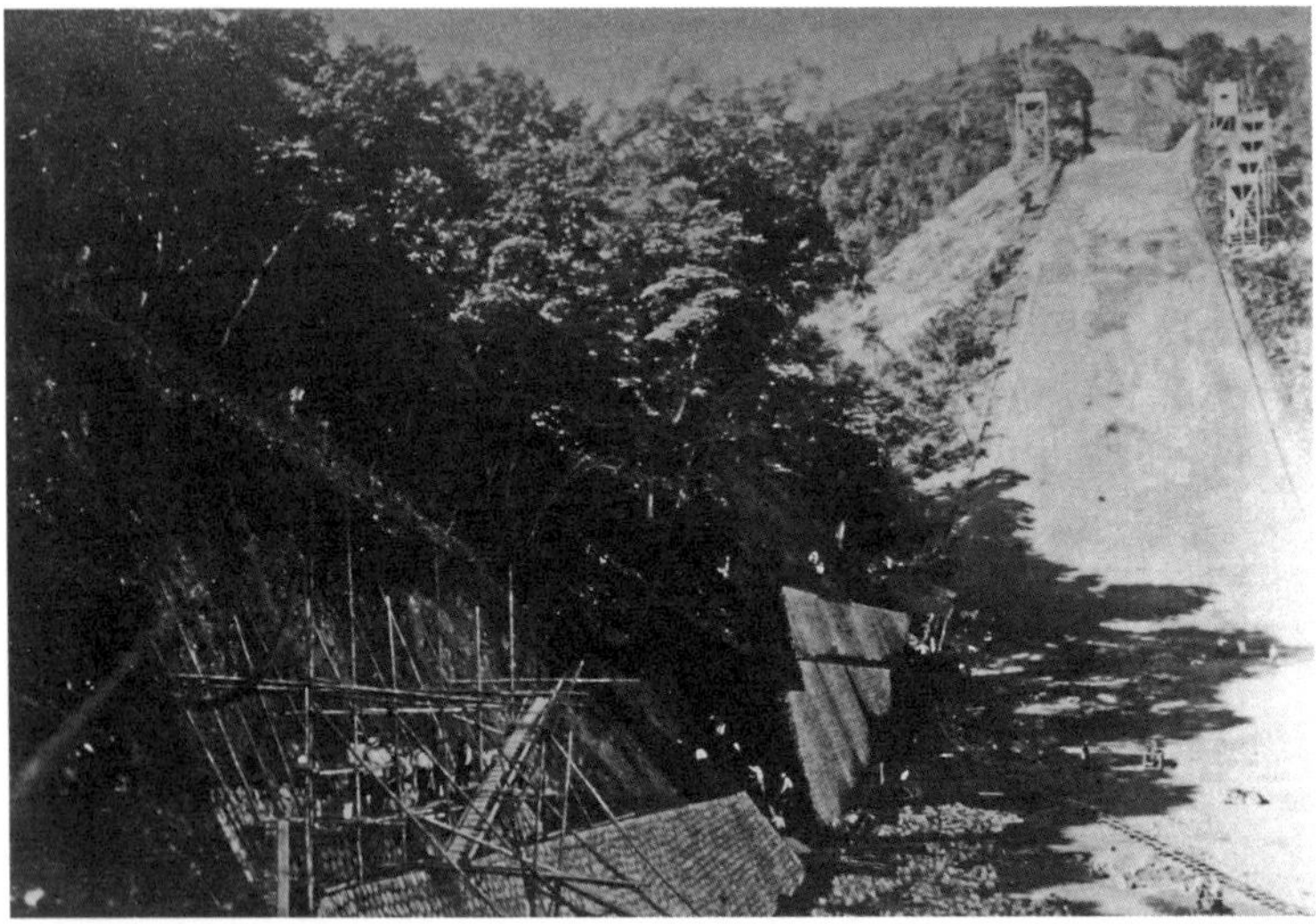

1931年〈昭和6〉頃の大倉シャンツェ〈現・大倉山ジャンプ競技場〉(札幌市公文書館所蔵)

札幌郊外電気軌道路線図(出典：鉄道省編『日本案内記 東北編』博文館、1929年［昭和4］)

6　消えた大型観光プロジェクト――温泉山

温泉山は、藻岩山の北側山麓、現在の旭山記念公園周辺を中心に、中央区の旭ケ丘、界川、双子山一帯に付けられていた通称の地名です。

１９２０年（大正９）頃、国会議員だった高倉安次郎らが中心となって札幌温泉土地株式会社が設立され、それまで吉野牧場があった界川付近の土地を買収しました。そこに温泉施設を核としたレジャーセンターを建設するとともに、周辺では別荘地開発や宅地開発を行うという大規模なプロジェクトが立ち上げられたのです。これが温泉山の地名の由来です。

しかし、ここに湧く温泉はなく、定山渓温泉から25㎞ほどの距離をパイプラインで給湯し、再度加熱するという奇想天外な方法が取られました。そして26年、現在の界川１丁目（札幌南藻園のあたり）に鉄筋コンクリート製洋風２階建ての豪奢な札幌温泉がオープンします。札幌市街が一望できる展望バルコニーのほか、館内には食堂や大宴会場、宿泊設備も完備し、現在の温泉リゾートの先駆とも言える造りでした。

29年（昭和４）には、利便性の向上を目的に札幌郊外温泉軌道（後に札幌郊外電気軌道に改称）を開業。市電の円山三丁目（現・大通西23丁目）停留場に近い南一条（現・南１西23）と温泉下（現・双子山１丁目と界川１丁目の交差点）を結ぶ、約１・８㎞の区間で路面電車を運行し、集客を図りました。初年度には約６・８万人の乗降客があったと記録されており、温泉は大変な賑わいを見せました。

しかし、単線のためピストン輸送を余儀なくされ、加えて除雪車がないことから冬期間は運休して馬そりで代行運行するなど、思ったような運行ができません。周辺の宅地開発などを誘発するには不十分で、30年に火災で変電施設を焼失したこともあって経営は悪化し、数年後には廃線に追い込まれてしまいます。

さらに32年には、定山渓温泉からのパイプラインが故障して給湯できなくなり、温泉としての機能も失ってしまいました。その上、昭和恐慌(9)と重なったことから、オープンから数年で廃業に追い込まれ、威風堂々とした施設も廃墟と化しました。跡地には現在、児童養護施設の札幌南藻園が建てられています。

7　市内に二つあった馬場山――馬場山（馬場和一郎）

馬場山と呼ばれた山が、かつて中央区と厚別区にありました。いずれも、山の所有者だった馬場和一郎の名前からついた地名です。

中央区で馬場山と呼ばれたのは、1919年（大正8）頃から、現在の宮の森3条の一帯で馬場和一郎が経営する馬場牧場の中にあった標高80mほどの小さな丘です。現在は広さ約1・7haの宮の森緑地（宮の森3条11丁目、本郷新記念札幌彫刻美術館そば）となっている場所です。

昔は、子どもたちのスキー遊びに開放していたそうで、当時を知る人の述懐によると、「小学生にとってはかなりの急傾斜で、周囲は牧柵やバラ線で取り囲まれていた」ということです。そのすぐ北側には、三角山小学校を挟んでもう一つ標高90ｍほどの丘があり、かつては「馬の背山」と呼ばれスキー大会も開かれたそうです。現在は広さ約3・9haの宮の森4条緑地（宮の森4条11丁目）となっています。

いずれの丘も、山の形が水棲《すいせい》動物のナマコに似ているので、「なまこ山」の通称もあったようです。しかし、今では周囲もすっかり宅地化され、馬場山の地名やこの一帯になまこ山の通称があったことを知る人は、めっきり少なくなっています。

もう一つの馬場山は、厚別区厚別南1丁目あたりにありました。こちらも27年（昭和2）に馬場が開設した、種畜の生産や牛乳の加工を主とする広さ約60haの牧場だった場所です。58年、この土地を当時所有していた国鉄から札幌市が買収し、翌59年から市営ひばりが丘団地の造成が始まりました。現在の厚別中央1条2～4丁目と2条3～4丁目の範囲で、戸数1600戸ほどの集合住宅が立ち並びます。ちなみに、厚別区には春のひばりが丘、夏の青葉町、秋のもみじ台と、四季にちなんだ地名がつけられています。

現在、牧場の一部で馬場山と呼ばれていたあたりは、広さ約1・8haの馬場公園（厚別南1丁目）となっています。また、公園近くの厚別中央1条3丁目には高さ9ｍのサイロが残り、さっぽろ・ふるさと文化百選に選ばれています。馬場牧場の歴史を物語るこのサイロ、現在はひばりが丘団地のランドマークとなっています。

1920年〈大正９〉撮影の馬場牧場〈中央区宮の森４条11丁目〉（札幌市公文書館所蔵、部分）

明治末期撮影の札幌神社（出典：『東宮殿下行啓記念〈上〉』1911年［明治44］、北海道庁／北海道大学附属図書館所蔵）

8 札幌の発展を見守ってきた父なる山――円山

市街中心部のすぐ西側に位置する円山（225m）は、北西から南東方向に広がる長径約1㎞の楕円形状の山です。本峰《ほんみね》と北西に延びるやせ尾根が、大小二つの椀を伏せたように分かれて見えます。アイヌ民族はモイワ（小さい山）と呼び、祖先を祀る祭場とした聖なる地だったと言います。同時に1871年（明治4）に圓山村が開村すると、その後は山も圓山と呼ばれるようになります。同時にモイワの地名はインカルㇱペに移り、藻岩山となりました。

「北海道石狩州札幌地形見取圖」には、鳥瞰図のような遠景として、手稲山から藻岩山あたりまでの山並みがほぼ正確に描かれています。現在の円山の位置に最岩、三角山に圓山、藻岩山には陰柯山と山名が記載され、現在の地名とは異なっています。

円山は三角山などと同様に、200万～500万年前頃に形成された円山溶岩（安山岩）が饅頭型の溶岩円頂丘を造り、それが地表に現れたものです。北側には、かつて「養樹園の沢」と呼ばれた円山川（アイヌ語ではヨコウㇱペツ、いつも獲物を狙う川の意）が形成した、コタンベツの丘と呼ばれた小さな扇状地があります。開拓使初代判官の島義勇が1869年（明治2）の晩秋にここから眼下を一望し、京都にならった街割りで札幌本府の建設を行う決意をしたと伝えられています。

円山の北西山麓には、71年に開拓三神を祀って建立された札幌神社（現・北海道神宮）があり、山頂には大山祇神《おおやまつみのかみ》も祀られています。これは72年、開拓使庁舎建設用の石材を切り出した、請負人の大岡助右衛門や石工職人が建立したとされます。また1914年、上田万平・善七の兄弟が私費を投じて北西尾根に登山道を開き、円山八十八カ所霊場を造ったことで、今も信仰の場となっています。

円山には、約100種にも及ぶ多様な樹木が生育することから、その保護のために1921年（大正10）、円山原始林として天然記念物に指定されました。現在は、北麓から神宮を囲むように円山公園が整備され、西側には円山動物園があります。

札幌にとって歴史の原点となる山であり、街の成長と発展を見続けてきた円山。その山頂からは、札幌の母なる川・豊平川とともに発展した道都の美しい市街を一望できます。これからも円山は、札幌を見守り続ける〝札幌の父なる山〟として、市民に親しまれ続けることでしょう。

9　嫁を泣かせた厳しい峠越え――小林峠

小林峠は、中央区盤渓と南区北ノ沢の間をくねくねと曲りながら越える峠道で、標高は300mほどです。中央区と南区の区界となる峠でもあり、西区の手稲左股通から南区の五輪通などを経由する道道西野真駒内清田線の一部でした。

1956年（昭和31）、地元の小林新夫らが産業観光開発道道促進期成会を結成し、急峻な踏み分け道程度しかなく、かろうじてバイクでなら越えられるという不便な峠に、自動車が走行できる道路の建設を市や道などに対して陳情しました。

その結果、60年に盤渓－北ノ沢間の道路開削工事が始まり、難工事の末、65年に待望の道路が完成しました。２０１７年には総工費１０７億円をかけて、約１・６㎞の盤渓北ノ沢トンネルが完成し、これにより峠越えをする必要がなくなったことから、峠道は旧道となっています。

道路が完成するまでは名のない峠でしたが、地元で農業を営み北ノ沢分区長として、また期成会会長として尽力した小林新夫の功績を讃えて、「こばやし峠」と命名されました。トンネル入り口には記念碑があり、１９９０年の地形図にも小林峠と漢字で地名が表記されています。

かつて小林峠は、北ノ沢に住む人々の間で「嫁泣かせ峠」と呼ばれました。昔の北ノ沢の若者たちは、盤渓で村祭りがあると必ず誘い合って出かけ、そこで見初めた娘に後日結婚を申し込み、盤渓から嫁をもらうことが多かったといいます。夏場は2時間足らずで越えられる峠ですが、冬場は腰まで埋もれる雪をかき分けて急な斜面を進まなければならず、女性に峠越えは無理でした。

そのため藻岩山を迂回し、一日をかけて北ノ沢まで行かなければならず、往復で2日もかかりました。農家の嫁が2日も家を空けることは家業に影響が大きく、冬場は「この峠が越えられたら、どんなにいいか」と恨めしく思ったと言います。そんなことから、誰かれとなく嫁泣かせ峠と呼ぶようになったと伝えられています。

今ではトンネルが開通し、わずか数分で通り抜けられるようになった小林峠ですが、そんな時代があったことにも思いを馳せて利用したいものです。

【3章 註】

＊1 アイヌ語言語学者・知里真志保（1909～61）は、「いつもそこへ上って、敵を見張ったり、物見をしたり、行く先の見当をつけたりする所」と解説しています。

＊2 北海道石狩州札幌地形見取圖には「陰柯山」と記載され、円山には「最岩」そして「三角山」には「圓山」の地名があります。

＊3 『札幌沿革史全』にも、「臨眺山」（イシガルシベヤモ、インガルシベヤモの誤記と思われる）と記載されています。

＊4 幕末の探検家・松浦武四郎（1818～88）は、「エンカルシベは山霊がすみ、神威がいちじるしい聖山で、アイヌの尊崇のあつい山であった。それゆえに、この山麓が（総鎮守社設立の）適地である」と「燼心餘赤《じんしんよせき》」に記しています（意訳、『新札幌市史 第1巻通史1』〈札幌市、1989〉より）。

＊5 650万～300万年前の海底火山活動で形成された第三紀層を基盤に、さらに火山活動が発生しました。

＊6 安山岩 マグマが冷えて固まった岩石（火山岩）で日本に多く分布。南米のアンデス山脈で産出されたことからアンデサイト（アンデスの石の意）と名づけられ、明治時代に安山岩と訳されました。硬度のあるものは「札幌硬石」の名で明治時代から採石され、建造物の礎石や砕石として利用されています。

＊7 旭山記念公園 1970年（昭和45）開園。札幌創建100年事業として界川と双子山山麓面に造成された広さ20・3haの公園です。標高137mの展望台を中心に噴水、段状テラスが設置され、市街地を一望できます。

＊8 冬季オリンピック札幌大会 1972年（昭和47）、南区真駒内の競技場を主会場に35の国・地域から選手・役員が参加。札幌市の人口は70年に100万人を超え、72年に政令指定都市に移行しています。71年には市営地下鉄南北線開通、さっぽろ地下街開業などの都市整備が進み、札幌は大きな発展を遂げました。

＊9 昭和恐慌（1930～31） 1929年（昭和4）10月にアメリカ合衆国で発生した世界恐慌が日本にも波及。日本経済を危機的な状況に陥れた、戦前における最も深刻な恐慌です。

4章　母なる川、豊平川をたどって

1　札幌の母なる川・サッポロペッツ（サッポロ川）——豊平川

豊平川は流路延長約72㎞、流域面積約９０２㎢の一級河川で、南区と千歳市との境界にある小漁《こいざり》山（１２３５ｍ）とフレ岳（１０４６ｍ）の間に位置する沢が源流です。途中に豊平峡ダムが堰き止めた定山湖があり、定山渓で白井川と合流して東へ、さらに硬石山山麓の石山あたりから北へ流れています。下流には、藻岩山麓の南区真駒内付近を扇頂とする豊平川扇状地が形成されており、その上に札幌市街地が発達したことから、豊平川は〝札幌の母なる川〟とも呼ばれてきました。右岸に豊平区・白石区、左岸に中央区・東区が広がる札幌市街を貫いて流れ、東区東雁来付近から江別市との境界を北に向かい、中沼町の北で石狩川に合流します。

このうち東区の雁来大橋から下流は、１９４１年（昭和16）に完成した捷水路《しょうすいろ》（川の蛇行部を直線化するために開削した水路）と呼ばれる新しい河道です。以前の流路は旧豊平川の名称で、白石区東米里の北縁を流れた後、厚別区厚別町山本と江別市大麻の境界付近で厚別川に合流。さらに、下流の江別市元野幌で分流して東に向きを変え、世田豊平川と名を変えて江別市対雁の新石狩大橋付近で石狩川に合流しています。

豊平川は4万年前から豊平川扇状地（札幌扇状地）の平岸面を形成した後、約1万年前から何度も洪水を繰り返して平岸面を侵食し、西に流路を変えて扇状地の一段低い札幌面を形成してきました。古くは、現在の市街地を東区苗穂に抜け、伏籠川の流路を流れて北区東茨戸付近で石狩川に合流しました。しかし、1800年頃の大洪水で北東へ流れを変え、月寒川、厚別川などと一緒になって石狩川に合流する新しい流れが誕生しています。

豊平川の古称は、地名の札幌の語源とも重なり多様な表記や説があります。江戸期の古地図を見ると「飛騨屋久兵衛石狩山伐木図」[1]にサツホロ川とあり、元来、札幌は川の名で豊平川の古称でした。高倉新一郎、知里真志保らが監修した『北海道 駅名の起源』（札幌鉄道管理局、1954）では、札幌の語源について「アイヌ語『サリ・ポロ・ペッ』（その葦原が広大な川）が『サチポロペツ』となり、下部が略されて『サチポロ』となり、さらに『サッ』（乾いている）に附会されて『サッポロ』になったもので、今の豊平川がそれであつた」と解説しています。

山田秀三は『北海道の地名』（北海道新聞社、1984）で、松浦武四郎の西蝦夷日誌や北海道駅名の起源などから引いて多様な名称や説を比較、検討。その上で、語源の特定が難しいことを述べ、「平易に、サッ・ポロ・ペッ（乾く・大きい・川）ぐらいに解するのが自然なような気がする」と推測しています。

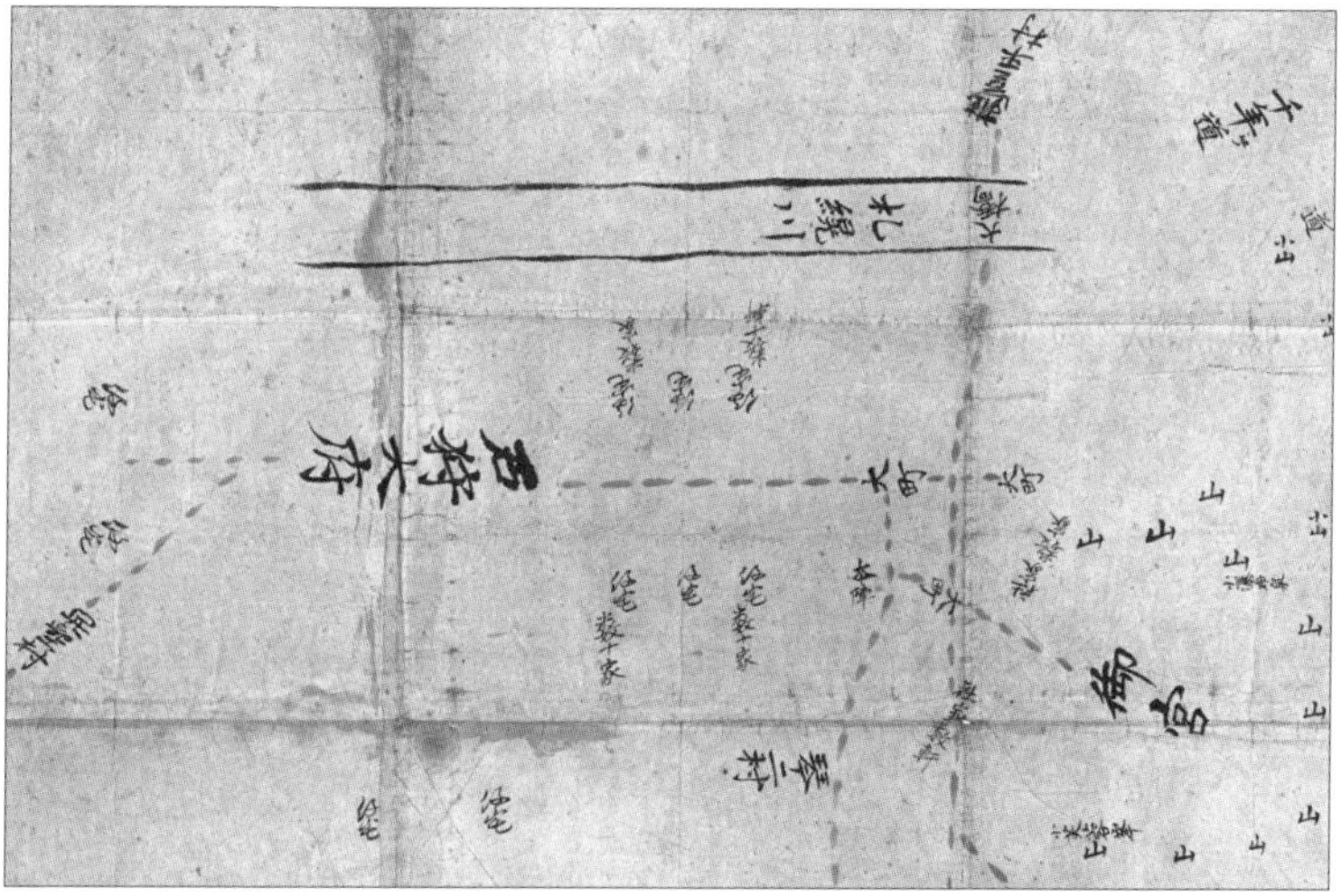

1872～73年〈明治2～3〉作成の「石狩大府図」。上部に「札縨川」の文字が見える。図は交通路や役宅の配置を示した島義勇の粗案とされる（北海道大学附属図書館所蔵、部分）

1971年〈昭和46〉撮影の豊平峡ダムの建設工事状況
（札幌市公文書館所蔵）

明治初期、島義勇判官の残した「石狩大府指図」に札縨川、「石狩國本府指圖」に札縨大川、高見沢権之丞[2]作「明治二己歳十一月迄札縨之圖」（1875）には豊平大川舩渡などの記載があります。「北海道札幌之圖」（開拓使地理課、1878）には豊平川とあり、これ以後に発行された地形図も含めた実測図から札幌川の名は完全に消えています。

一方、豊平の語源も特定は難しく、「飛騨屋久兵衛石狩山伐木図」に豊平と結びつく地名は見当たりません。松浦武四郎作「東西蝦夷山川地理取調図」（1859）には、ハンケトイヒリとヘンケトイヒリの地名が、ツイシカリメム（『札幌のアイヌ地名を尋ねて』では白石区菊水付近と推測）とマコマナイ（真駒内川）の間に2本の支流として記載されていますが、豊平川本流には河川名が付いていません。

語源に関連して『地名アイヌ語小辞典』には、「tuy ト゚イ　きれる、くずれる、ふる」「pira ピら がけ、土がくずれて地肌のあらわれている崖」とあります。山田秀三も「ト゚イピラ」（tui pira）が豊平の原音だったと推論しています（『札幌のアイヌ地名を尋ねて』）。

松浦武四郎は「トイヒラ」（西蝦夷日誌）、「樋平《トヒヒラ》」（後方羊蹄日誌）と記しています。また、永田方正『北海道蝦夷語地名解』には、「パンケ ト゚エピラ　下ノ潰崖　豊平橋ノ稍上流ノ支流ニ崖アリ屢《しばしば》水ノタメニ潰裂セラル因テ ドエピラ ト名ク」（ルビ加筆）「ペンケ ト゚エピラ　上ノ潰崖 明治七年豊平村ヲ置ク」とあります。

しかし、豊平橋付近に崖状の地形はなく、場所は特定できません。堀淳一『地図の中の札幌』（亜璃西社、2012）では、トイピラを「崩れる崖」と解釈し、国道四五三号に接する崖と解釈しています。

これは平岸1条17丁目（国道453号＝平岸通の精進橋下にある「オソウシの滝〈別称・冷水の滝〉」）を指しており、永田の見解とは異なります。ともかく、平岸中学校西側から精進河畔公園、中の島小学校西側あたりまでは明瞭な河岸段丘崖があり、旭小学校のあたりで不明瞭になっています。

豊平橋付近を探せば、水車町あたりまで段丘崖の縁を水車川が流れていたあとが残っていて、そこに比高の低い崖状の地形があった可能性があります。この河岸段丘崖は連続していて、上流には数段の段丘地形があります。特に、中の島と平岸の境界にある精進川河畔公園右岸には、顕著な段丘崖が観察でき、そのどこかがドイピラだった可能性もあります。豊平の地名の原点探しは、今後の研究課題となりそうです。

豊平川上流の豊平峡ダムなどは、札幌市の上水道の水源となっており、扇状地の豊富な伏流水も含めて札幌の水がめの役割を果たしています。河畔には藻南公園などの公園、河川敷にはサイクリングロードやパークゴルフ場、テニスコートなどが設けられ、札幌の母なる川にふさわしい市民憩いの場となっています。

2　豊平川に初めて架かった橋――豊平橋

豊平川を挟んで、中央区南5条と豊平区豊平を結ぶ国道36号の豊平橋。その初代は、1871年（明治4）に初めて豊平川に架けられた二連の丸太橋でした。72年、開拓使は函館と札幌を結ぶ本格的な道路、札幌本道の建設に取り掛かります。

これは函館から森、森からは舟航で室蘭へ、そこから千歳を経由して札幌へ向かうルートで、最後に位置するのが豊平橋でした。なかでもユウフツ（現・苫小牧付近）から千歳を経由する経路は、江戸末期から千歳越と呼ばれ、それまでの函館から日本海を北上して小樽の銭函を経由する海路以外に、函館－札幌間を結ぶ初の陸路となりました。

橋が架かるまでは、江戸末期に札幌に定住した志村鉄一と吉田茂八が渡し舟を管理していました。『明治二己歳十一月迄札縨之圖』には、豊平川右岸に鉄一、左岸に茂八の居宅が記され、そこに「豊平大川舩渡」と書かれています。

吉田茂八は1825年（文政8）、松前町で荒物商の三男に生まれ、1920年（大正9）までは存命していたことが記録で確認できます。茂八は猟師や皮革類の売買をしながら、渡し守を務めました。後に1871年、札幌で掘割工事を請け負い、大友堀（現・創成川）につながる南6条から南3条までの掘割を開削したことから、この部分は吉田掘と呼ばれました。

一方の志村鉄一は、信州あるいは江戸の出身と言われ、石狩在勤兼学問教授方鈴木顕輔の家来でした。石狩調役《しらべやく》・荒井金助の招きに応じて57年（安政4）、豊平川右岸に移住。渡し守となり、旅人のための宿泊所・通行屋を営みました。明治期になって職を失い、71年に豊平橋の橋守となりましたが74年に解任され、その後の消息はわかっていません。

明治初期、豊平川は現在の豊平橋の付近で四つに分流していました。丸太橋は西側の流れに架けられたもので、東側の本流と側流は相変わらず渡し舟による渡河《とか》が必要でした。しかしこの橋は、すぐに雪解けの増水で流失。75年には、アメリカ人の機械技師N・W・ホルトの設計による日本最初の洋式橋梁として大小2連形式の木造トラス橋が完成しますが、これも洪水で流失しています。

次いで78年には、札幌農学校2代目教頭で土木技術者だったウイリアム・ホイーラーが、橋脚に土堤を築いた上で、木鉄混合のトラス構造の大橋を架けますが、再び流失。98年には、北海道庁の治水技術者で、石狩川治水の基礎を築いた岡﨑文吉の設計による初めての鉄橋が完成しました。しかしこれも、1909年春の融雪による増水で橋脚部がえぐられて橋が傾き、復旧工事の間に発生した洪水の流木によって破壊されてしまいます。

ようやく24年（大正13）になって、小樽港北防波堤の建設にも携わった港湾工学の父と言われる廣井勇の下、技術者の山口敬助や高橋勝衛らによって設計されたアーチ橋が完成しました。その堂々たる美しい姿は、札幌を代表する土木建造物として、旭川の旭橋や釧路の幣舞橋《ぬさまいばし》と並ぶ〝北海道三大名橋〟と称されました。

橋長120m、幅員18mの大きな橋で、両端には赤御影石の立派な親柱が立ち、その上に鋳鉄製の電灯が取り付けられたほか、橋の両側面には高欄が設置されました。さらに橋上には、平岸街道（現・豊平4条5丁目付近）まで伸びる市電豊平線の線路も敷設されました。

その後、札幌の都市化が進んだことで、60年（昭和35）頃になると自動車の急増によって豊平橋付近で渋滞が生じるようになり、新橋の建設が急務となりました。そして66年、橋長132m、幅員を27mまで拡幅した現在の豊平橋が完成しました。明治末期までの度重なる流失を経て、現在の橋は実に23代目となっています。

1878年〈明治11〉撮影の川下から見たホルト設計の豊平橋
(北海道大学附属図書館所蔵)

1898年〈明治31〉撮影の岡崎文吉設計による初の鉄橋となった豊平橋
(札幌市公文書館所蔵)

1924年〈大正13〉撮影の3連アーチ式鉄橋に架け替え中の建設現場
（北海道大学附属図書館所蔵）

昭和前期と思われる豊平橋の絵はがき。橋上の市電豊平線を路面電車が走る
（札幌市中央図書館所蔵）

3　始まりは私費で架けられた橋――一条大橋と幌平橋

豊平川には現在、30本以上の橋があります。その中でも、中央区南1条－白石区菊水間の一条大橋と、中央区南15条－豊平区中の島間の幌平橋の2基は、もともと個人が架けた私設の橋でした。

一条大橋は、1919年（大正8）年から20年にかけて薄野遊郭が白石町（現・白石区菊水付近）に移転したことを機に、24年に架けられた木造橋です。当時、新しい札幌遊郭（通称・白石遊郭）へ市街地から行くには、上流の豊平橋を渡るか、下流の東橋《あずまばし》まで迂回しなければなりませんでした。おそらく、遊郭の経営に関わる地元住民の寄付で架設されたものと推測され、26年には札幌市に橋が寄付されています。

南1条通の延長に架けられたので南一条橋と命名されましたが、大正期にできた市電停留場に一条橋の名がつけられたせいか、市民には一条橋という呼び名の方がなじみ深いようです。36年（昭和11）の洪水で橋の一部が流出したため、38年に北海道初の鉄筋コンクリートによる永久橋に架け替えられ、一条大橋が正式名称となりました。現在の橋は、交通量の増大に対応するため69年に架け替えられたもので、橋長176m、幅は25mに拡幅されています。

一方の幌平橋は、道会議員だった河合才一郎が、27年に豊平町中島（現・豊平区中の島）の発展を願って私費4万円を投じて建設したものです。橋長159mの木橋で、当時、個人が架けた橋としては日本一と言われ、札幌の幌と豊平の平を合わせて幌平橋と命名されました。

撮影年不詳。札幌市立一条中学校と左上が1938年〈昭和13〉竣工の一条大橋と思われる
（札幌市公文書館所蔵）

1954年〈昭和29〉撮影の永久橋に架け替えられた幌平橋
（札幌市公文書館所蔵）

この頃、札幌市街地と豊平川右岸の豊平、平岸、中の島地区を結ぶ橋は、豊平橋と出来たばかりの南一条橋しかありませんでした。河合ら数人は、この地区にあった札幌葡萄園など約13ha（4万坪）の土地を買収して宅地を開発、分譲。その販売を促進するために、対岸の札幌市街や山鼻地区、中島公園と連絡する橋が必要だったのです。同時に、平岸や中の島で栽培されるリンゴを札幌市街へ運ぶ経路として、幌平橋から平岸付近を結ぶ幌平橋通（現・白石中の島通）を河合が開削し、地域の振興を図りました。

幌平橋は30年の洪水で橋の一部が損傷し、改修の必要に迫られますが、資金面などから復旧の目途がたたず地域の住民は途方に暮れました。翌年、住民たちは豊平町や北海道庁に復旧工事を請願しますが、単独では認めてもらえず、中の島を縦貫する道路新設の関連工事として架け替えが認められ、加えて道路用地の寄付が条件となりました。道路用地の寄付という大きな代償を強いられたものの、37年に木造トラス構造の橋が完成。この時、幅約15m（8間）の中の島本通が、豊平区水車町から南区真駒内本町まで開通しています。

54年には永久橋に架け替えられ、歩道の設置など数度の改修を繰り返しましたが、老朽化が進んだことから95年に現在の橋が完成しています。橋長161m、幅約36mの橋の下流側にアーチを設置した個性的なデザインで、アーチ部分は展望歩道になっています。米国ポートランド市との姉妹都市提携35周年を記念して、歩道部分はポートランド広場と命名され、ポートランド在住作家による金属彫刻サーモン・リバーが設置されています。

4　海のないところにある岬――軍艦岬と割栗岬

最寄りの海岸から約20㎞離れた内陸部、豊平川扇状地の扇頂部に近い南区の藻岩山南東山麓に、岬のつく地名が二つあります。それが軍艦岬と割栗《わりぐり》岬で、ともに正式な地名ではないため地図には記載されていない通称です。

軍艦岬は、中央区との境にあたる南区南31条西11丁目に位置し、藻岩山の尾根が国道230号（石山通）に岬のようにせり出しています。周辺の建物が中高層化する以前は、中央区の市街地からでもその山容をはっきりと見ることができました。

割栗岬は、北の沢川が豊平川に合流する付近（南区川沿1条1丁目）の、藻岩山の尾根が河岸に迫る位置にあり、その突端を石山通が迂回しています。石山通から藻岩山観光自動車道路に通ずる登山道もあり、登山愛好者には割栗岬ルートとして知られています。

軍艦岬と割栗岬は、いずれも藻岩山の山体を構成する約280万～230万年前の新第三紀末に形成された安山岩でできており、その後の侵食によって硬い部分だけが残ったものです。平坦な場所に突き出た地形から〝岬〟という名がつけられました。

『南区三十周年記念誌　南区開拓夜話』（札幌市南区、2002。南区役所HPにも掲載）の「一〇万坪開拓から」の項に、「石山通（国道二三〇号線）を南下すると藻岩山稜線が切れて赤茶けた岩肌が露呈した『軍艦岬』の下を通り過ぎ、藻岩山の東麓の丘陵地帯と、豊平川の狭間を過ぎ、ふたたび川沿いに接する処で『割栗の岬』に至るまでの地域が『藻岩下』と呼び、むかしは『上山鼻』と呼ばれていた」

1977年〈昭和52〉撮影の藻岩山空撮写真〈一部加筆〉。破線の円上側が軍艦岬、下側が割栗岬（札幌市公文書館所蔵、部分）

とあり、いずれも古くから地元の住民に知られた名前でした。

『郷土誌藻岩下』(札幌市南区、2003)には、「札幌市の中央方面から見ると藻岩山全体が巨大な軍艦に見え、東側の崖が軍艦の舳《へさき》に似ているところから、だれいうとなく軍艦岬といわれるようになった」とする由来も紹介されています。

一方、割栗岬の由来にはいくつかの説があり、はっきりと特定できません。割栗にはワリグリとワリグレの二つの読み方があります。割栗(割栗石)とは、岩石を打ち砕いて作る比較的大型の砕石で、径は10~20cm程度。薄い岩片や細長いものは除かれ、道路や建造物の基礎工事で地盤を固める際、密に敷き詰めて使われます。南区の硬石山では、現在も採石業者3社が操業。標高371mの山頂付近まで採掘が進められ、山容を変えながら砕石などの石材を産出しています。

ここで採れる原石は「札幌硬石」とも呼ばれ、1872年(明治5)に建築・土木用の石材として、開拓使請負人・大岡助右衛門により本格的な採掘が始まりました。石材は開拓使本庁舎や豊平館などの礎石に使われています。硬石山から運び出された石材は当初、筏で創成川取水口(中央区南17条西4丁目)まで豊平川を流送していましたが、76年に石山通の前身となる石切山道が馬車道として整備され、馬車や馬そりで運搬されるようになりました。

『さっぽろ藻岩郷土史 八垂別』(藻岩開基百十年記念事業協賛会、1982)には、「旧道の札幌寄りの部分に、割栗という地名が残っているが、割栗石を採掘した所ではないかと言われている」とあります。さらに『札幌地名考』の北ノ沢の項では、割栗について「北ノ沢の割栗(ワリグレ・ワリグリ)も忘れられない地名である。この地名は融雪期になると崖から石が落ちてくるところからついたという。（中略）観光道路入り口付近の藻岩山の峰の流れが豊平川に落ちるところの坂道は割栗道と呼ばれ、豊平川の深い渕になっていた」と説明しています。

石材を採掘した場所にちなむのか、融雪期の落石にちなむのか、割栗岬の名の由来は判然としません。

5　望郷の念にかられた花魁の悲話――おいらん淵

おいらん淵《ぶち》は、南区川沿付近の藻南公園南縁に架かる藻南橋付近、豊平川の流れが少し淀んだ淵に付けられた呼び名です。

1958年（昭和33）に発行された「豊平町一般圖」には、オイラン淵と記載されています。49年、周辺の河川敷一帯は藻南公園として整備が進められ、60年代後半まで市内小・中学校の炊事遠足に利用されていました。現在、公園内には炊事広場や遊具、パークゴルフ場、テニスコート、野球場などが整備され、総合公園として多くの市民に利用されています。

『札幌地名考』では、「一帯は『ハッタル・ペッ』（渕の川）と呼ばれるように、（中略）多くの深い渕があり、景勝の地として知られてきた」と解説しています。また、『札幌のアイヌ地名を尋ねて』では、「藻南橋の上手から藻南公園迄は、今でも淵形が続く地形であって、タンネ・ハッタル（長い・淵）と称されて然るべき場所」と説明しています。

公園に設置されたおいらん淵の案内板には、「豊平川の流れの中で最も深く、その昔は清らかな

〝よどみ〟であった」とあります。淵とは、川の流れが淀んで深くなった地形のことですが、浮かび上がることのできない境遇も意味します。

地名の由来は1877年（明治10）頃、望郷の念に駆られた薄野遊郭の花魁《おいらん》が、願いの叶わぬ人生を悲観し、着飾ったまま身を投じたという伝説にちなむとされています。おそらく、死体の上がらぬ淵で自死をとげた花魁の悲劇的な人生が、おいらん淵の名を定着させたのでしょう。

由来には、もう一つ説があります。当時、上流で伐採された木材は、筏に組み下流の集積場まで流送していました。上流は早瀬が多く、途中で筏が引っかかるなどして難儀しますが、このあたりまでくると流れが緩くなり、一息つくことができます。そこで親方が人夫たちに、「花魁とでも遊んでこい」と扶持《ふち》（小遣い銭）を手渡したことにちなむ「花魁扶持」を語源とする、というものです。

1988年、さっぽろ・ふるさと文化百選に指定された際は、前説を主な由来としています。かつてこの淵で入水自殺をする者が多かったことに加え、子どもの水難事故で犠牲者が出たこともあり、50年に宝性地蔵尊が藻南公園内に建立されました。上流の簾舞に36年、藻岩取水堰（藻岩ダム）が完成し、流量が減ったことで流れは少し穏やかになりましたが、今も藻南公園内には数か所、北海道電力が設置したダム放水の電子警報機が設置されています。

おいらん淵あたりの豊平川右岸は、白ガンケ（白い崖）の呼び名も残る、やや白っぽい高さ約30mほどの絶壁です。これは400万年ほど前に海底火山から噴出した、ハイアロクラスタイト（水中火砕岩）と呼ばれる溶岩で、崖の表面は和菓子の落雁のようにも見えます。おいらん淵の伝説は、豊平川の流れと荒々しい崖が織りなす雄大な景観に守られ、今も伝えられています。

1956年〈昭和31〉撮影の藻南公園と豊平川。公園付近の豊平川は淵が連続しており、そのうちの一つがおいらん淵と呼ばれた(札幌市公文書館所蔵)

1961年〈昭和36〉撮影の十五島公園と対岸を結ぶ白川橋
(札幌市公文書館所蔵)

6　1千万年前の姿を今に伝える――十五島公園

十五島公園は、南区藤野1条5・6丁目あたりの豊平川右岸に位置する広さ2・4haの公園で、1954年(昭和29)に定山渓鉄道株式会社[3]と藤の沢観光協会が整備し、76年に札幌市へ移管されています。69年まで走っていた定山渓鉄道の藤の沢駅や十五島公園停留所に近く、夏から紅葉の美しい秋にかけて、河畔は炊事遠足の場として多くの小中学校が利用していました。それだけに札幌市民にはなじみの深い公園の一つとなっています。

『豊平町史』(豊平町、1959)には、大正の初めに近隣の牧場が牛を運ぶ際、このあたりで川を渡るとき、川の中に島のように出ている石伝いに歩かせたそうで、その頃から十五島と呼ばれていたとあります。そして、「藤原義惣治がこの辺に入植し、この人の家を通称十五島と呼んでいた」ことが名前の由来と説明しています。その後、木材流送の障害になるため、爆破などにより石を取り除いたとも記されています。

現在、園内と対岸は白川橋というつり橋で結ばれ、果樹園の多い白川地区に渡ることができます。この橋の周辺は、札幌の自然観察では定番コースの一つとなっています。その理由は、このつり橋から上流60mほどの場所で、地質学的にたいへん興味深い状況が見られるからです。

それは朝里層群と呼ばれる泥岩層に、硬石山から続く約470万年前の新第三紀鮮新世に形成されたデイサイトという火成岩が貫入した接触部が、川を横切るように残った部分です。川の中に多く残る、ごつごつとした岩がデイサイトの部分。そしてこれと接触する上流側10数mの泥岩（頁岩《けつがん》状）部分は、高熱により灰色、灰青、黒色に変色しています。さらに、接触面の数10㎝にわたる部分では、強烈な熱による接触変成によって、表面の割れ目が細かく角ばった状態に変質している状況が観察できます。

炊事遠足の名所は、太古の時代に札幌で繰り広げられた、壮大な大地の営みを垣間見ることができる、希少な場所でもあるのです。

7　険しい岩峰、恐竜の背の如し――観音岩山（八剣山）

観音岩山《かんのんいわやま》は南区砥山《とやま》の豊平川左岸に聳える標高498mの山です。一般的には八剣山《はっけんざん》の名で親しまれ、2016年の地形図にも観音岩山（八剣山）と併記されています。この他に五剣山、七剣山、剣龍山、天巌山、定鉄マナスルなどの通称があり、いずれも険しい山容が想像できる名称です。

『札幌地名考』にも、「東から見れば熊、南から見れば老虎、西から見れば狂える獅子に形状が変化して見え、山頂に霧がくるときは、雲を呼び天に昇る相闘う龍にも見える」と記されています。確かに、北西から南東の方向へ鋭く狭い尾根が450mほど続き、豊平川右岸の豊滝あたりからは、鋸の歯のような、あるいは恐竜の背のような険しい岩峰が並び立つ山容が望めます。

観音岩山の名は、山中に祀られている観音が由来とされ、観音岩山から2㎞ほど下流で豊平川に流入する川には、観音沢川という名が付いています。1896年（明治29）の地形図に山の名はなく、標高４７５・６ｍとだけ記載され、１９１７年（大正６）の地形図や49年（昭和24）の20万分1地勢図、「最新札幌市街地図 市管内図」（１９６７、地勢堂）などには、観音岩山の山名と５０１ｍの標高が記入されていますが、八剣山の山名はありません。

しかし、「エリアマップ札幌市広域図」（１９７５、昭文社）には八剣山５０４ｍと記され、観音岩山の文字は見当たりません。どうやら、60年代後半から八剣山の名がハイカーなどに定着し、観音岩山より一般化していったようです。また標高は、過去の地形図で変遷をたどることができます。２万５千分１「定山渓」を見ると、55年版が５０４・０ｍ、80年の改測後は４９８ｍになっています。

南斜面は、山体の基盤をなす約６７０万年前の簾舞沢《みすまいさわ》溶岩が巨大な柱状節理[4]を造り、豊平川河岸まで絶壁が迫っています。鋭い岩峰からなる山頂の尾根は、約４００万年前、デイサイトが古い簾舞沢溶岩とその下層にある砥山《とやま》層群（貝の化石を含む堆積岩）の割れ目に貫入し、板状に固まったものです。その後、周囲の堆積岩層は侵食され、岩脈だけが薄板状《うすいたじょう》の残丘として残りました。

山頂を飾る薄板状の鋭い岩々は、砥山層群と古い簾舞沢溶岩を二重に貫いており、まさに剣と呼ぶにふさわしい岩峰と言えます。

8 「熊本開墾」に生まれた湯治場――小金湯温泉

定山渓温泉から東へ約５㎞の豊平川右岸にある南区の小金湯《こがねゆ》温泉には、現在、「湯元 旬の御宿まつの湯」と「湯元小金湯」の２軒の温泉宿泊施設があります。１８９６年（明治29）の地形図には「黄金」

1976年〈昭和51〉撮影の観音岩山〈通称・八剣山〉
(札幌市公文書館所蔵)

1977年〈昭和52〉撮影の小金湯桂不動と黄金湯温泉旅館
(札幌市公文書館所蔵、部分)

とあり、その下流で豊平川に合流する鱒の沢川には「砂金沢」の地名もありました。

明治期の本格的な開墾は、後に札幌農学校第四農場となる農場が開設され、90年に熊本県から4戸の農家が小作として入植してからのことです。地名は平岸村字一ノ沢で、熊本開墾とも呼ばれました。1944年（昭和19）の字名改正で、一ノ沢は隣接する集落とともに豊滝と改称され、ここは豊滝三区となりました。そして、豊平町と札幌市が合併した翌年の62年、小金湯の地名となりました。地形図を見ると、17年（大正6）に黄金の地名が消えて一ノ澤となり、67年からは小金湯と記載されるようになっています。

小金湯温泉は、平岸の吉川太左ヱ門が1883年、湯治場として半農半宿の旅館「吉川の湯」を開業したことに始まります。その後、吉川旅館など屋号や経営者を変えながら7代続き、最後は黄金湯温泉旅館となりましたが、2007年に閉館しました。

地名の由来を『札幌地名考』は、湯元が硫黄で黄金色になっていた、明治年間に砂金が採れた、近くの黄金沢からとった――などの諸説を挙げた上で、「湯元の近くの川床に黄銅鉱が露出して黄金色に輝いていたことは事実のようである」としています。おそらく、現在の鱒の沢川（砂金沢）を黄金沢とも呼んでいて、そこから付いた名前と推測できますが、なぜ黄金が小金の表記に変わったのかはわかりません。

1936年に開設された定山渓鉄道の小金湯停留所は、67年の地形図を見ると駅名が「こがねゆ」とひらがな表記になっており、黄金湯温泉のほか国道230号の南側に小金湯の地名があります。行政上の地名はともかく、温泉名は黄金湯と小金湯がしばらく併用されていたようです。

2003年には温泉に隣接して、アイヌ民族の生活・文化・歴史をテーマとする体験型施設、札幌市アイヌ文化交流センター（愛称・サッポロピリカコタン）が開館し、伝統衣装や民具などの資料を展示するほか、映像や図書資料の情報コーナーなども備えています。

また、湯元小金湯の敷地内には、小金湯桂不動と言われる樹齢700年以上と推定されるカツラの老木があり、1972年に北海道記念保護樹木に指定されました。かつて美泉定山（次節参照）がこの樹の根元で野宿した際、夢枕に樹霊が現れ、霊泉が湧くことを告げられたという言い伝えが残されており、その歴史の長さを物語っています。

9　開祖の名にちなむ温泉地――定山渓温泉（美泉定山）

南区の定山渓温泉は、札幌の中心部から南西に約26km、支笏洞爺国立公園内を流れる豊平川の渓谷沿いにある温泉場です。ナトリウム塩化物泉の泉源が56カ所と豊かな湯量を誇り、日帰り専用を含む入浴施設は、隣接する小金湯、薄別、豊平峡を含めて24軒（2022年）あります。

江戸期、豊平川に沿って遡りながらこのあたりを通り、現在の中山峠を越える道筋は、和人にも知られていました。1700年代中頃、材木商の飛騨屋久兵衛が残した「石狩山伐木図」には、サッポロ川（豊平川）沿いに「アブ田道」と記されています。

江戸末期になると、松浦武四郎がこの付近の温泉について『後方羊蹄日誌』に記しています。1858年（安政5年）の冬期間、アイヌの人々の案内で虻田から中山峠を越えて札幌まで調査する途上、定山渓付近に湧き出す温泉を見つけます。そして、「川の中より烟の立を見認たり。立寄て見るに岩間に温泉沸々《セセツカ》と噴上、其辺り氷も融け」ていたことからここで野宿し、温泉にも実際に入って「肌膚《ハタ》に適して数日の草臥《くたびれ》一時に消すかと思わる」（一部ルビ加筆）と、その効能を賞賛しています。「東西蝦夷山川地理取調図」には、定山渓温泉に近い下流の白井川が合流するあたりに「エキシヨマサツホロ」、上流部の支流・薄別川の周辺に「シケレヘウシヘツ」とあります。さらに、その間にも「ニセイケ」「ユウナイ」などの地名がありますが、具体的な場所など詳細はわかりません。

定山渓に本格的な温泉場を開いたのは、美泉《みいずみ》定山です。１８０５年（文化2）に備前（現・岡山県）の妙音寺の次男として生まれ、幼名は常三でした。若くして諸国を遍歴して修行を重ね、53年（嘉永6）に北海道へ渡り、久遠《くどお》（現・せたな町大成区）の太田山大権現（現・太田神社）にこもった後、61年（文久元）に現在の小樽市張碓に移ります。

その後、アイヌの人々から、銭函と張碓の間を流れる礼文塚川上流の山を越えると温泉がある、という話を耳にします。そして66年（慶応2）、アイヌの若者の案内で約30㎞にわたる山越えの上、小樽内川上流から沢を下り、ついに定山渓温泉にたどり着くことができました。

豊かに湧き出る温泉を前に、この地こそ自分が探し求めていた地であると常三は確信。背後の山（朝日岳か）を「常山」と名付けて天地に祈り、温泉場の開発を目的に茅屋を建てて湯治場を開きました。ここを終の住処と思い定めた常三は、明治になってから「美泉」の苗字をつけ、「定山（山に定まるの意）」と改名しました。

71年（明治4）、温泉開発を開拓使に願い出た定山は湯守に命じられ、湯治場から官設の温泉場と

明治末期撮影の豊平川上流河畔に広がる定山渓温泉（出典：『東宮殿下行啓記念〈上〉』北海道庁、1911年［明治44］／北海道大学附属図書館所蔵）

1936年〈昭和11〉頃撮影の定山渓温泉郷〈左上の欠けは別写真と重なっていた部分〉（出典：『札幌市写真帖』札幌市役所、36年／北海道大学附属図書館所蔵）

なります。この年、完成した有珠新道（本願寺道路）の検分に訪れた東《ひがし》久《く》世《ぜ》通禧《みちとみ》開拓使長官が、湯守定山の働きを見て感心し、この地を「常山渓」と命名。その後、間もなく「定山渓」と呼ばれるようになったとされ、アイヌ語に由来しない温泉の開祖の名にちなむ地名となりました。

しかし、73年の洪水で有珠新道が崩れ、温泉の橋が流失、温泉宿や浴場も被害を受けました。74年には官設の湯守が廃止されたことで定山は失職し、77年に山中で行方不明となったのです。後に発見された亡骸が葬られた小樽の正法寺の過去帳には、「美泉定山法印」の戒名と死亡日が記されていたことがわかっています。

その後の定山渓は、86年に有珠新道が改修され、91年には定山渓駅逓所が設置されたことで、人の往来を少しずつ取り戻してゆきます。１９１５年（大正４）、豊平川の支流・白井川沿いで操業を始めた豊羽鉱山（次節参照）の景気もあり賑わいを増しました。18年には札幌の白石と結ぶ定山渓鉄道が開通したことで日帰りで楽しめる行楽地となり、札幌の奥座敷として繁栄します。

第二次世界大戦後は、温泉旅館経営者らが周辺の豊かな自然環境を観光資源とするべく、国立公園への指定を目指して促進運動を展開。49年（昭和24）に定山渓を含めた地域が支笏洞爺国立公園に指定され、全国的な観光地に発展する契機となりました。

10　廃墟となった国内有数のレアメタル鉱山——豊羽鉱山

南区定山渓を流れる豊平川支流の白井川。その上流に位置する豊羽《とよは》鉱山は、美比内山《びひない》（1071m）の東側山麓で1915年（大正4）に操業を開始。鉛、亜鉛、銅、銀、インジウムなどを産出する、国内最大級の鉱山でした。特に携帯電話やパソコンの液晶パネルに使われるレアメタルのインジウムは、90年代以降需要が増え、最盛期は世界の需要の3割ほどを支える世界最大の産出量を誇りました。

しかし、地下600mの坑内は、岩盤の温度が160℃に達します。ダイナマイトが自然発火するため使用できないなど、現在の技術では採掘が難しくなり、採算が合わなくなったことから、埋蔵量はまだあるにもかかわらず、2006年に閉山しました。

1917年の地形図には、豊平川と白井川の合流点から上流約6㎞のあたりに、豐羽鑛山と精錬所が記載され、さらに約7㎞上流には元山、通洞、長門、備前などと記されています。通洞は山麓からほぼ水平に掘削された坑道です。また長門や備前は鉱脈に付けられた名前で、50数か所あった鉱脈には宗谷、空知、礼文といった道内の地名も使われました。

ところが55年（昭和30）の地形図には、上流部に豊羽鉱山、下流部に水松沢《おんこのさわ》とあるだけで、他の名前は見当たらず、この間に索道が記載されているだけです。さらに最新の地形図には、上流に元山と廃坑の付記があるのみで、かろうじて鉱山があったことがわかる程度になっています。

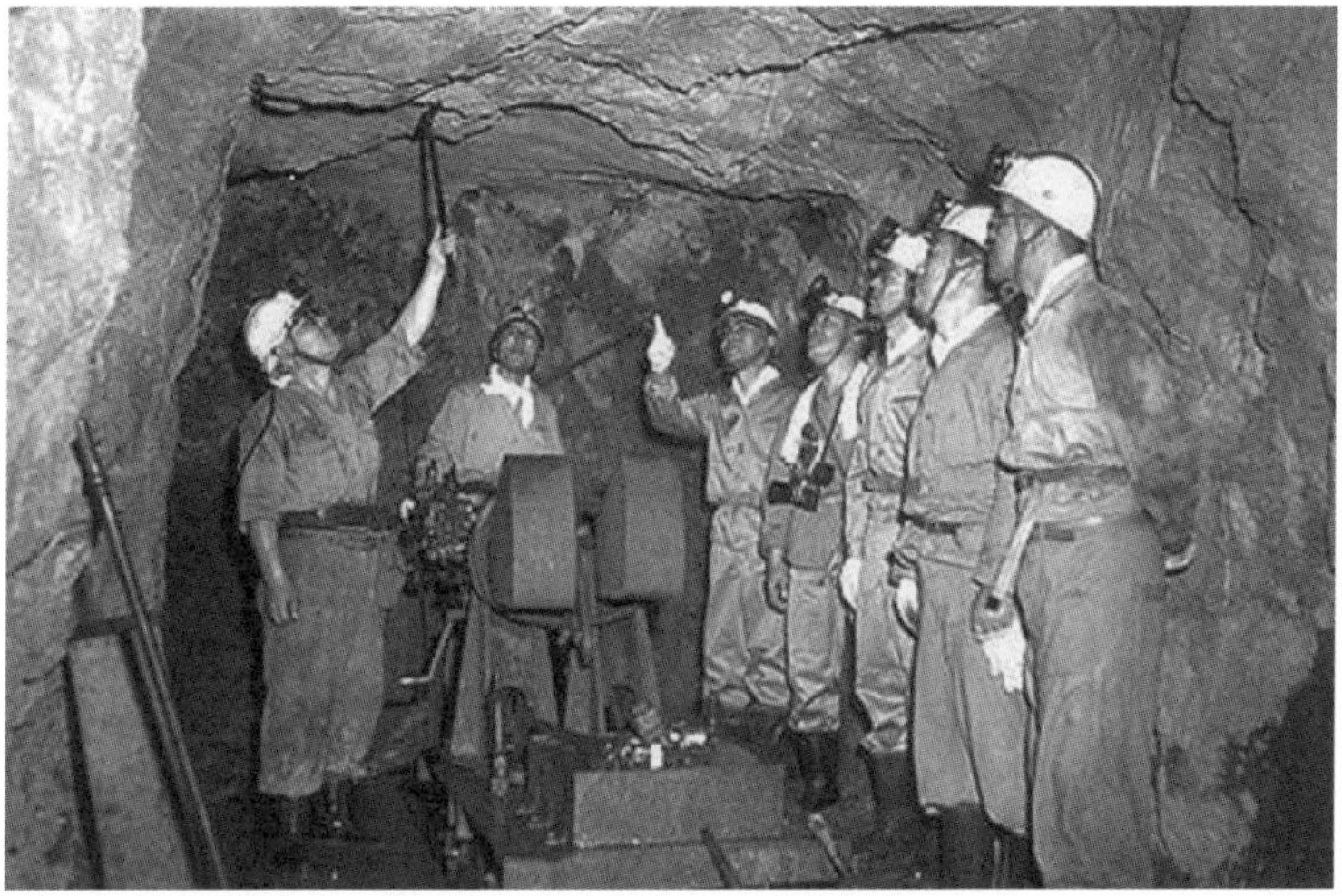

1961年〈昭和36〉撮影の豊羽鉱山を視察する原田與作札幌市長〈写真中央で指をさす人物〉（札幌市公文書館所蔵）

1963年〈昭和38〉撮影の豊羽鉱山の運搬車〈南区定山渓849〉（札幌市公文書館所蔵）

鉱山としての歴史は古く、明治初期、開拓使の御雇外国人ベンジャミン・ライマンによる日本初の広域地質図「日本蝦夷地質要略之図」（１８７６）にも、白井川上流部に硫化銅、硫化亜鉛、鉱泉を示す記号が記載されています。その後、１９１４年に付近を試掘した丹羽定吉が採掘権を獲得し、15年に久原鉱業（後の日本鉱業）に採掘権が移転。丹羽定吉と豊平町の地名から一字ずつとって、豊羽鉱山と命名されました。

水松沢に乾式製錬所を建設し、16年から操業を開始。39年に第二次世界大戦が始まると、貴金属の需要が増大して大きく発展を遂げます。同年には、現在の南区石山3条付近に石山選鉱場を建設しますが、44年に浸水事故で坑道が水没したため、翌年休山しました。

第二次世界大戦後の50年には、新たに豊羽鉱山が設立され操業を再開。元山が鉱山の中心地だったことから、56年に字名が本山に改正されますが、以後も元山の表記と併用されました。一方、石山選鉱場は、本山に新選鉱場が完成したことから69年に廃止され、今では付近の宅地化が進んだことからかつての面影は残っていませんが、石山3条5丁目の「日鉱団地」にその名をとどめています。

【4章 註】

＊1　飛騨屋久兵衛石狩山伐木図　石狩の山地で伐木を請け負った豪商・飛騨屋久兵衛が残した絵図。宝暦年間（１７５１～64）に描かれたもので、石狩川支流のサッポロ川（豊平川）、伊別川（江別川）などから石狩川河口の木

場まで、木材を川で流す搬送路が描かれています。

＊2　高見沢権之丞（1814～80）　開拓使吏員。木材の切り出しや土木・建築工事を指図し、移住地の選定等にかかわりました。「札縨御開拓記」「高見沢権之丞見取図」などの記録や絵図を残しています。

＊3　定山渓鉄道　定山渓温泉への観光客を運ぶほか、木材、鉱石、石材の輸送を目的に1918年（大正7）、白石－定山渓間が開業。57年（昭和32）に東急電鉄傘下となります。その後、トラック輸送、バスやマイカーの普及で貨物や乗客が減少し、69年に廃線となりました。

＊4　柱状節理　火山の溶岩がゆっくり冷え固まるとき、岩石の体積が収縮して規則正しい角柱状の割れ目をつくります。断面は六角形が多く、四角形や五角形も見られます。道内では層雲峡にある、200m前後の柱状節理で形成される断崖が有名です。

II 地名に秘められた各区の歴史

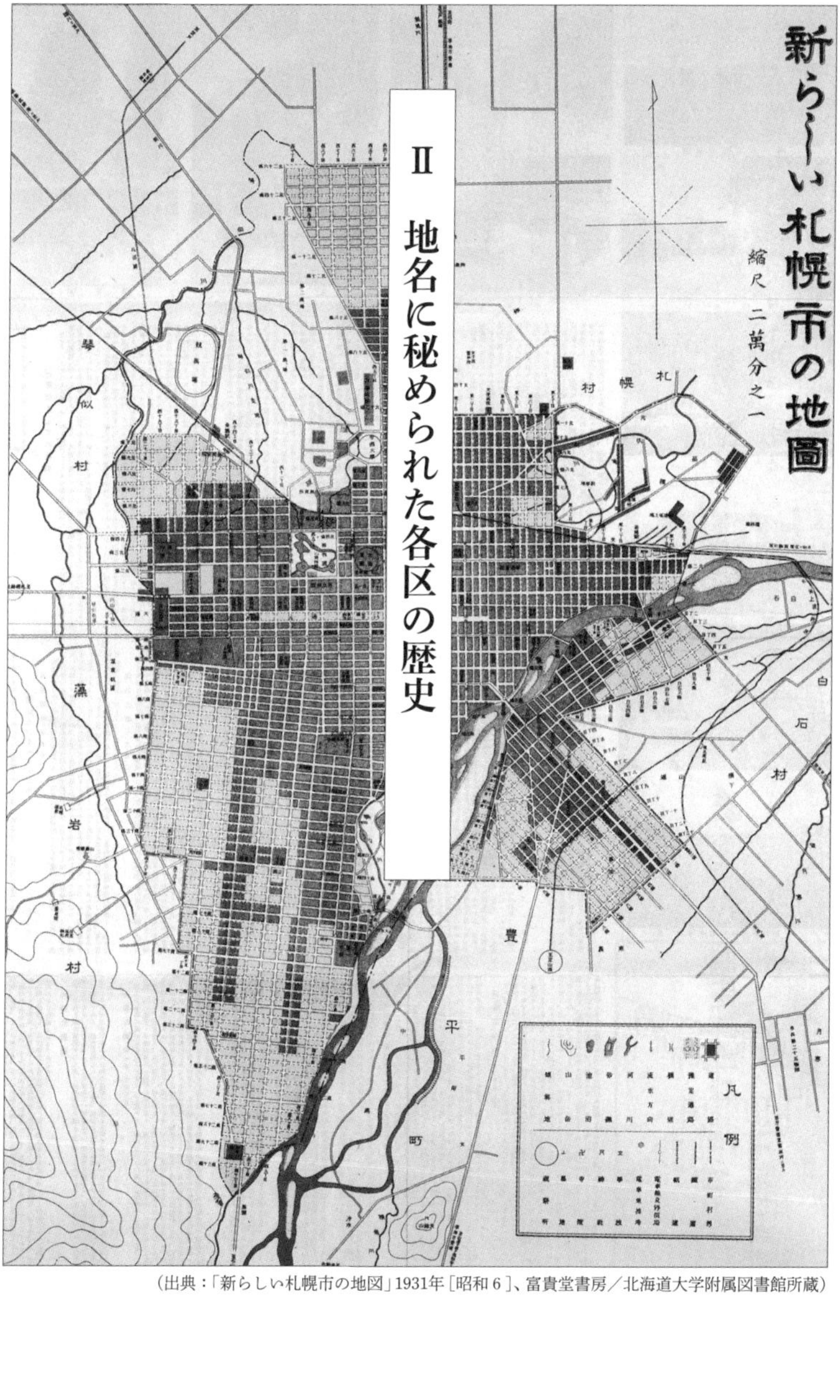

（出典：「新らしい札幌市の地図」1931年［昭和６］、富貴堂書房／北海道大学附属図書館所蔵）

1章　タマネギの里〈東区〉

1　サッポロ御手作場と運河を開いた大友亀太郎——大友堀（創成川）

大友堀は、中央区から東区にかけて江戸末期から大正期まで舟運と用排水のために使われた水路です。現在の中央区南3条東・西1丁目から北へ進み、北6条東・西1丁目から北東に向きを変え、大覚寺（東区北10条東11丁目）の北側を通り大友公園（北13条東16丁目）付近で旧伏籠《ふしこ》川に注いでいました。全長約4㎞、深さ1・5m、上幅1・8mと推定されています。

後に大友堀の一部と、南3〜6条、北6条から篠路口（北48条東1丁目）までの別の水路を合わせて創成川（1部2章7節参照）となりました。

当時、大友堀は札幌への物資輸送ルートでもありました。物資を積んだ輸送船は石狩川から茨戸《ばらと》川へ入り、そこで荷を丸木舟に積み替えて伏籠川に入り、合流点の大友堀落口でいったん陸揚げします。そこで平底の平田舟に積み替え、大友堀を上って札幌へ到着しました。

1871年〈明治4〉撮影の札幌中心部。西１丁目の高所から北北東を望む。右下が創成橋と大友堀で、堀は奥の林の手前から右奥にある元村へと流れた（北海道大学附属図書館所蔵）

1871年〈明治4〉撮影の「庚午一ノ村と新堀川」と題された写真。実際には札幌元村を流れる大友堀の可能性が高いとされる（北海道大学附属図書館所蔵）

その後、創成川の篠路口から茨戸までの新たな開削、水路の拡張改修によって１８９７年（明治30）頃までに整備が完成すると、大友堀は機能を失い、順次埋め立てられます。最後まで残った大覚寺から下流部も、１９２５年（大正14）には姿を消しました。

大友堀の名の由来となった大友亀太郎は江戸末期に蝦夷地開拓に携わり、東区本町周辺（旧札幌村）の開拓の祖と言われる人物です。１８３４年（天保5）、相模（現神奈川県小田原市）の生まれ。農政家・二宮尊徳の下で農業、土木、測量などを学びました。58年（安政5）、他の門下生とともに蝦夷地開拓を幕府から命じられ、この時に武士の身分となって大友姓を名乗ります。まずは、道南の木古内や大野（現北斗市）の開拓に成功し、これが評価されて石狩の開拓に当たります。

66年（慶応2）、篠路に入植していた早山清太郎の案内で、伏籠川（フシコ・サッポロ川）上流左岸の現在の北13条東16丁目付近を開墾地に選んだ大友は御手作場《おてさくば》（幕府直営の開墾地、開拓農場）を造ります。入植のためにまずは道路や橋の整備、用排水路の開削を急ぎます。毎日40～50人を動員する突貫工事によってわずか4ケ月余で完成したのが大友堀でした。

御手作場には66年から69年（明治2）の間に計27戸、約１００人が入植し、開発した田畑は約47haになりました。これらの土地はイシカリ御手作場やサッポロ御手作場と呼ばれました。石狩大府図（69、70年頃）には開墾村とあります。大政奉還に伴い68年に設置された、明治政府の箱館裁判所（箱館府）の下で御手作場の経営は続きますが、69年の開拓使設置後、苗穂付近の新たな開墾地とともに開拓使に引き継がれました。

この周辺の地名は、サッポロ村、札幌村、本村《もとむら》といった通称がありました。御手作場は入植時に札幌元村となりました。隣接する伏古に入植した庚午（読みは「かのえうま」もしくは「こうご」）四ノ村が札幌新村と呼ばれ、71年に札幌元村と札幌新村を合わせて札幌村に改名。さらに時代が下り、1902年（明治35）に札幌村、丘珠村、苗穂村、雁来村の4つの村が合併して新たな札幌村になりました。

一方、大友亀太郎は箱館裁判所、兵部省《ひょうぶ》などに所属して御手作場経営を続け、1870年には開拓使掌に任命されましたが、相次ぐ制度変更や混乱に失望して即日その職を辞し、北海道を離れました。茨城、島根、山梨など各地で農業振興などに携わった後、74年に故郷の神奈川県に帰り、小区戸長や県会議員を務め、97年に亡くなっています。

大友亀太郎の役宅だった旧札幌村役場跡（北13条東16丁目）には札幌村郷土記念館があり、大友の資料が展示・保存されているほか、すぐそばにある大友公園にその名が残されています。

2　もとは高射砲が置かれた防空広場——美香保公園

美香保《みかほ》公園は、東区北20～22条東4～5丁目に位置する約8・3haの公園です。園内には美香保山と呼ばれる築山や3面の野球場、テニスコート、美香保体育館などスポーツ施設を備え、スキー山とも呼ばれる美香保山は冬季、子供たちのスキーやそり遊びの場になっています。

美香保体育館は1972年（昭和47）の冬季オリンピック札幌大会に向けて建設され、フィギュアスケート競技の会場になりました。現在、老朽化が進んだことから、東区の「つどーむ」敷地内に新築移転し、通年型のスケートリンクとカーリング場を整備するという構想もあります。

1972年〈昭和47〉撮影の上空から見た美香保公園。左に見えるのが美香保山
(札幌市公文書館所蔵)

公園は28年、一帯を宅地として分譲した地主の宮村朔三、柏野忠八、大塚藤四郎の3人が、「地域の発展と地域住民に親しまれるものに」とそれぞれが所有する計約1・7ha(5千坪)を公園予定地として提供したことに始まります。当初は3人の名前から、ミカオ公園と名付けられました。

その後、用地は札幌市に寄贈され、市はさらに周辺の約6・6haを買収して用地を広げ、42〜43年度に整備します。野球場やグラウンドなどを備えた札幌初の都市計画公園として、平素は公園、有事には防空広場とする計画でした。この時、呼びやすく語感のよい〝ミカホ〟の名称とし、美香保の字を当てたと言われています。

第二次世界大戦下、公園内には高射砲と夜戦のための探照灯が設置されますが、45年7月には米軍機の機銃掃射を受け、近所の民家が巻き添えとなる被害も発生しました。

終戦後、グラウンドなどの整備が始まり、高射砲台座の撤去も試みられますが、直径約3mの強固なコンクリートの基礎を取り壊すには多額の費用がかかるため、上に土を盛って築山にしました。これが現在の美香保山です。今もこの山と野球場の間には、2基の基礎が残っています。

美香保の名称は公園から周辺にも広がりました。49年に美香保中学校、51年に美香保小学校が相次いで開校してから、一般に定着してゆきます。「札幌市地図」（51、中央文化企業）にミカホ公園の記載があり、60年の地形図には美香保公園と明記されています。

その後も美香保の名は広がりを見せ、「最新札幌市街地図」（67、地勢堂）を見ると公園南側の北20条通に美香保公園通とあるほか、周辺には美香保ストア、美香保市場などの商店名もあります。一時は銀行の支店名にもなり、現在もマンション名や事業所などに美香保の名が残っており、地域の通称として使われています。

3　ごみの埋め立て地をアートで再生――モエレ沼

東区の中沼町と丘珠町の間にあるモエレ沼は、かつて蛇行していた豊平川が残した三日月湖①で、文字通り三日月形をしています。2005年、モエレ沼公園のオープン後、公園にはモエレ沼公園という地名がつけられました。

古くは津軽藩の史書『津軽一統志』（1731）に、1669年（寛文9）のシャクシャインの戦いの際に蝦夷地を探索した報告として、「さつほろの枝川に竪横半里計之沼御座候由」というモエレ沼付近とみられる記述があります。「松前蝦夷地嶋図」（1816、村山直之）には、モイレヘットホの名があります。『丁巳東西蝦夷山川地理取調日誌』（1857、松浦武四郎）の石狩日誌では、旧豊平川と伏籠川の両方へ流れ出る沼があり、「廻り凡三里も有りと聞けり。是をサツホロの方にてモヱレヘットウと云よし也」、また伏籠川に合流する小川の一つをモヱレヘツフトと記しています。

『札幌のアイヌ地名を尋ねて』（山田秀三）では、モエレヘツフトはモイレペッ・プトで、「モイレペッの・川口」あるいは「モイレペットー（もえれ沼の・口）」と意識されて呼ばれていたと推測しています。モイレ・ペッの語源は川の曲がったところなどで、ゆっくりと水が流れている川と解説。『地名アイヌ語小辞典』（知里真志保）には「もイレ　静かデアル（ニナル）。流れのおそい」とあります。

1896年（明治29）の地形図には、現在の中沼西のあたりにモイレ沼の地名があり、伏籠札幌川（現伏籠川）に繋がっています。『東区今昔東区開拓史3』（1983、札幌東区役所）では、「モエレ沼の呼び名が定着したのは大正（前期）に入ってからと考えられる」としています。1937年（昭和12）の字名改称までは、札幌村丘珠村にモイリトとモイリトンの字名もありました。

ヨシが繁茂する湿原や、エゾヤナギ、ヤチダモなどの灌木林が広がる一帯は、標高が3～7m程度と市内でも標高の低い地域です。ほとんどが低位泥炭地[2]のため排水が悪く、明治期から大規模な排水工事が繰り返され、モエレ沼の水を利用した水田や転作した畑が広がっていました。

モエレ沼を含めた伏籠川流域の札幌市北東部と石狩市一帯は、60年代から急速に都市化します。75、81年に豊平川下流域で洪水が発生するなど、治水対策が緊急の課題になります。80年に北海道開発局や札幌市などが「伏籠川流域総合治水対策協議会」を設置して総合的な治水対策に取り組み、

1977年〈昭和52〉撮影の上空から見たモエレ沼とその周辺。一面に耕作地が広がる（札幌市公文書館所蔵）

モエレ沼は洪水時に溢れた水を溜め込む「篠路新川・モエレ遊水地」として整備されました。

モエレ沼公園は、治水、ごみ埋め立て地の再生・活用、市街地を環状に取り囲む緑地の拠点公園整備などを目的に構想、整備されました。82年に着工し、全体が完成したのは2005年のことです。馬蹄形に公園を囲むモエレ沼を含めると、総面積は188・8haに達します。

園内には、さまざまなイベントや展示ができるガラスのピラミッドＨＩＤＡＭＡＲＩ、水の彫刻と言われるダイナミックなプログラムが披露される海の噴水、多彩な遊具が迷路のように園路で結ばれたサクラの森など、斬新なデザインの施設が揃っています。これらは、公園の設計を手掛けたイサム・ノグチの「全体をひとつの彫刻作品とする」というコンセプトに基づくものです。

中でも公園のランドマークになっているの

が、標高62・4m（造成当初）のモエレ山です。頂上から札幌の市街地を一望できる東区唯一の山で、その姿はJR函館本線の車窓からも遠望できます。園地の大半は不燃ごみの埋め立て地で、1979〜90年にかけて71haの敷地に約273tが搬入されました。さらに、市街地造成やモエレ沼の掘削などで発生した残土を積み上げてモエレ山が造られました。

「人間が傷つけた土地をアートで再生する。それは僕の仕事です」というイサム・ノグチの言葉を具現化した、まさにモエレ沼公園を象徴する存在となっています。

4　地域特産タマネギ「札幌黄」の故郷――丘珠

丘珠は、東区北部の丘珠町と北丘珠の地名がある一帯を指します。アイヌ語の「オクカイ・タム・チャラパ」が語源と言われます。『北海道蝦夷語地名解』では「男ノ刀ヲ落シタル處」と説明し、『札幌のアイヌ地名を尋ねて』で山田は「チャラパ charapa は『撒く、撒き散らす』という事だそうで、何か意味が続かない。何か特別の伝承でもあった地名であろう。」と推論しています。いずれにしても、オクカイ・タムに丘珠の漢字を当てた地名なのです。

開墾は1870年（明治3）、酒田県（現山形県）からの30戸の入植に始まりました。この年に札幌周辺で2番目に入植したことから、干支をつけて庚午二ノ村と呼ばれましたが、翌71年に丘珠村と名付けられました。しかし、寒冷な気候への準備不足、シカの食害やヒグマの出没など困難が続き、定着率は低かったようです。

その後、80年代後半から、経済的困窮、水害などを背景に、富山県など北陸地方からの移住者が増えます。『東区今昔東区開拓史3』に掲載された住民調査の結果では、1926年(大正15)当時、丘珠村の137戸のうち半数以上が富山県の出身かその関係者でした。富山県砺波《となみ》地方からの移住者によって伝えられた獅子舞が丘珠獅子舞として今も継承、保存されており、毎年秋に丘珠神社に奉納されています。74年(昭和49)には、初の市無形文化財に指定されました。

02年に丘珠村は札幌村、苗穂村、雁来村と合併して新たな札幌村となり、さらに37年の字名改正で大字丘珠村は丘珠になりました。55年の札幌市との合併に際して丘珠町の地名が誕生し、その後、北丘珠が加わっています。1896年の地形図に丘珠村、1916年の地形図には丘珠と丘珠烈々布の地名があります。

丘珠周辺は北海道におけるタマネギ栽培の発祥の地です。1871年、開拓使が種子を輸入して試験栽培を始め、冷涼な気候や土壌が栽培に適していたため普及しました。77年に札幌農学校の教師ウィリアム・ペン・ブルックスが、米国から持ち込んだ原種を改良して誕生したのが札幌黄《き》です。後に全道に広まり、ロシア、中国、東南アジアなどに輸出されるほどになりました。

しかし、1970年代から栽培が容易で病害虫に強く、品質も安定している交配種(F1)が台頭してゆきます。今では主産地がオホーツク地方などに移り、2021年度の札幌のタマネギ栽培は、作付面積約260ha、生産量約1・3万tと全道の2%以下に止まります。とはいえ、今も札幌では丘珠を中心に栽培が続けられ、そのうち札幌黄は栽培戸数約30戸、栽培面積16ha、生産量約800tとなっています。

明治末期撮影の札幌郡札幌村のタマネギ畑（出典：『東宮殿下行啓記念〈上〉』1911年［明治44］、北道道庁／北海道大学附属図書館所蔵）

大正初期撮影と思われる札幌近郊でのタマネギ収穫風景の絵はがき
（北海道大学附属図書館所蔵）

07年、札幌黄はイタリアに本部を置くスローフード協会が認定する「味の箱舟」に登録されました。その土地の伝統的な在来種の生産や消費を支援し、食の多様性を守り育てることが目的です。甘さと辛みのバランスが良くて柔らかいのが札幌黄の魅力とされます。12年、生産者や飲食店経営者、研究者、行政関係者などが、「札幌黄ふぁんくらぶ」を結成。札幌黄の魅力を発信してファンを増やし、将来も生産が続くように普及活動を続けています。

5　地名は苗穂村時代の村の形に由来？――三角街道・美住

東区本町2条10丁目から北東方向の雁来新川に架かる三角新川橋（東苗穂15条3丁目）までを結ぶ三角街道は、札苗地区の中心道路です。この区間を含めた市道の認定名は苗穂三角街道線（約5・3㎞）で、その延長は中沼町から北区篠路町福移へと続きます。この街道には三角点通の通称があるほか、札苗通や札苗線通などの呼称もあり、1990年代には地元の商店組合によってモエレ沼公園通りの愛称もつけられています。

1896年（明治29）の地形図では、すでに道路が現在の東苗穂9条2丁目付近まで到達していますが、周囲はまだ荒地や闊葉樹《かつよう》（広葉樹の旧称）林の広がる原野でした。1916年（大正5）と50年（昭和25）の地形図には、現東苗穂8条3丁目付近に三角の地名が記載されています。その由来について『札幌地名考』（77、さっぽろ文庫）には、昭和初期に篠路、丘珠、雁来で測量を行うために設置された三角点にちなむとの説や、この街道によって三角形の地域ができたからと語る古老の話が記されています。

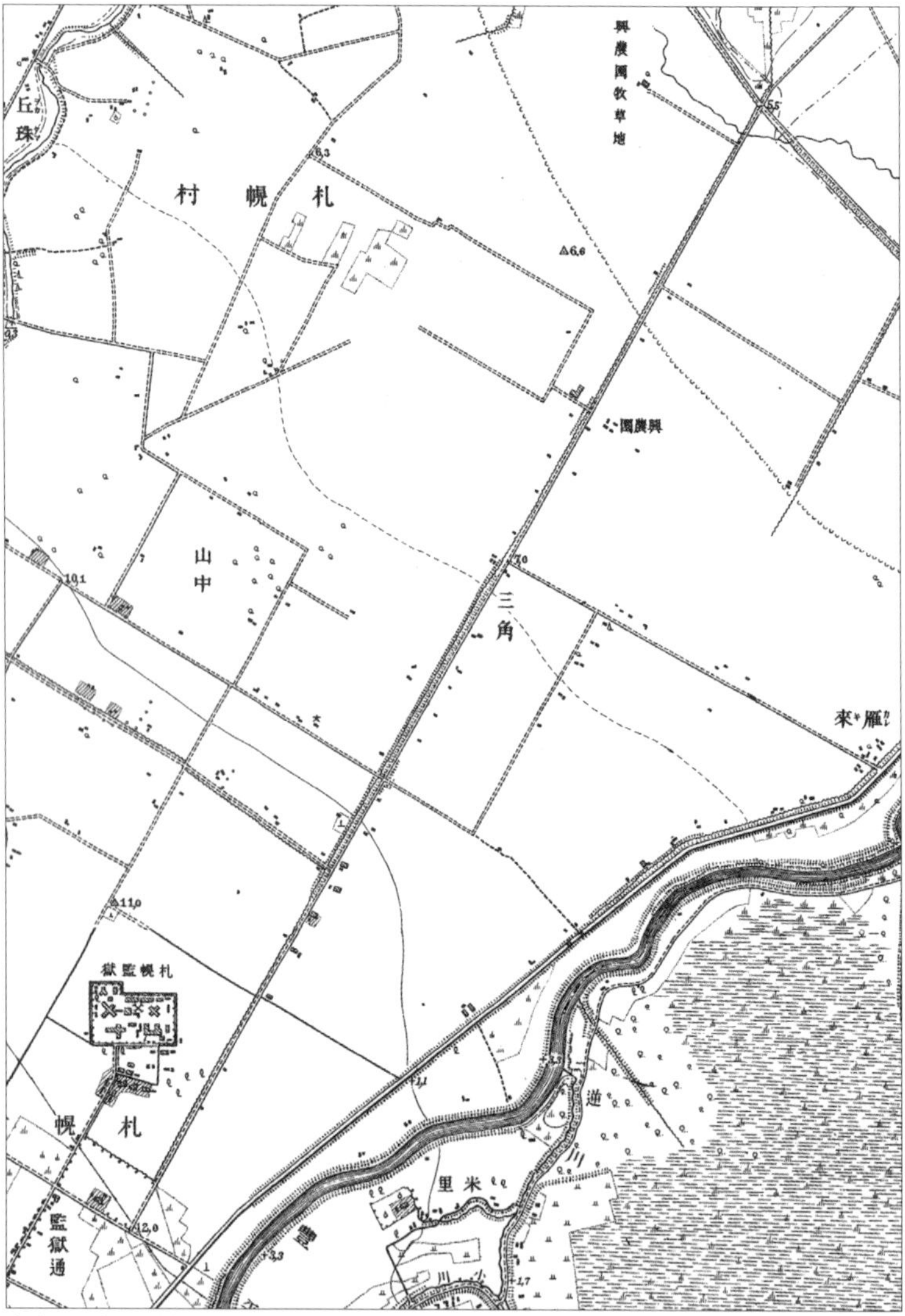

中央に三角、北側に興農園牧草地、南西に札幌監獄の地名が見える
(出典:国土地理院発行2万5千分の1地形図「丘珠」および「月寒」〈1916年[大正5]測図〉)

しかし、35年の地形図を見ると、付近の三角点4・7m（中沼町のモエレ沼東岸）は道路の延長上に置かれておらず、測量基点とは考えられません。三角新川橋の地点には、16年の地形図に5・5m、現在の地形図では5mの標高点があります。ここにかつて三角点があったかどうかはわかりませんが、少なくとも1896年の地形図には記載されていません。また、札幌村の大字苗穂村と大字雁來村にも三角の字名があり、1937年の字名改正まで残っていました。ですから三角の地名は、大正期以前にあったものと考えられ、昭和初期に三角点が由来になったという説には疑問があります。

一方、1896年の地形図を見ると、三角新川橋付近はちょうど苗穂、雁來、對雁、丘珠、篠路の5村が接する境界にあたり、苗穂村の村域は北東方向に向けて三角形状に刺さりこんでいます。これが古老の話した地名の由来と考えられます。71年に誕生した苗穂村は、78年の郡区町村編成法で村域が設定され、南西側は伏籠札幌川（現伏籠川）が札幌村との境界になっています。当時、丘珠村や雁來村との境界付近は湿地や広葉樹林だったことから、直線的な境界線は図上で機械的に引かれたものと考えられます。その後、苗穂村は1902年、他の3村とともに札幌村に合併されたため、境界線は消失して現在に至ります。

謎多き「三角」にちなむもう一つの地名・美住《みすみ》は、この地域に古くからある札幌刑務所と深いかかわりがあります。1880年開設の札幌監獄本署をルーツとするこの刑務所がたつ東苗穂2条1丁目から南の通りは、かつて監獄通や刑務所通と呼ばれました。周辺は1950年頃まで畑地や草地が広がり、民家と言えば三角街道沿いに農家が散在する程度で、刑務所がこの地域を代表する存在だったのです。しかし、70年代からは三角街道を軸に宅地化が進みます。刑務所のマチのイメージを変えたいと考えた地域住民たちは、三角をミスミと読み替え、町内会名に美住の字を当てたことからこの通称が定着しました。

「ゼンリンの住宅地図'69　札幌市〈北部その一〉№.1」(68、住宅地図出版社)掲載の「札幌市交通局バス運転系統図(68年5月1日現在)」には、美住町のバス停名が記載されているほか、「ゼンリンの住宅地図'90　札幌市東区」(89、ゼンリン)には、現在のバス停・東雁来2条1丁目の位置に美住通の停留所名が記載されています。そのほか、現在も東苗穂3条3丁目に「美住自動車工業」の企業名があるほか、美住若葉、美住北町などの町内会名、東苗穂美住公園などにその名が残っています。

6　再開発で変貌する明治期からの工業地区——苗穂

苗穂の地名は1871年(明治4)に付けられた苗穂村に始まり、現在の東区苗穂町、東苗穂、東苗穂町に加え、本町、伏古、札苗地区、中央区北1～4東などの広い地域が含まれていました。『札幌のアイヌ地名を尋ねて』によると、伏籠川の最上流部付近には、江戸末期の「石狩場所絵図」にナイホウ、「丁巳東西蝦夷山川地理取調日誌」の附図ではナイボ、ホンナイボなどの地名が見られ、これが苗穂の起源としています。

また、アイヌ語の原義はナイポで、「小さな川」の意味とも解説。JR函館本線北側のJR北海道苗穂工場周辺には、豊平川扇状地(札幌扇状地)の扇端にいくつものメム(湧泉)があり、これを水源とする小河川が合流して伏籠川となりました。今も陸上自衛隊苗穂分屯地の静心池などに残るメムの

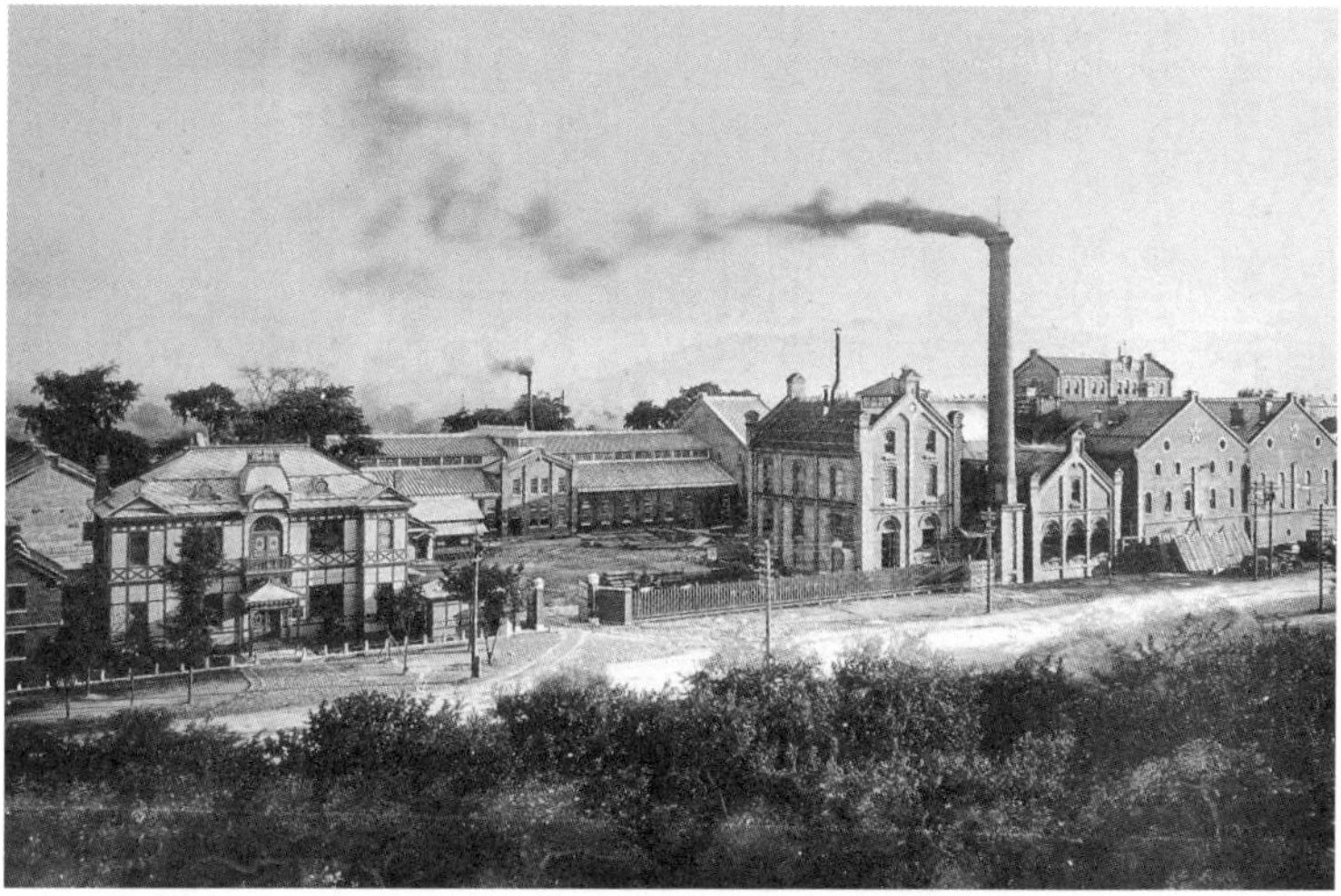

明治末期撮影の大日本麦酒株式会社札幌工場（出典：『北海道鉄道一千哩記念』1916年［大正５］、北海道鉄道一千哩記念祝賀会／北海道大学附属図書館所蔵）

1957年〈昭和32〉撮影の苗穂駅構内。線路脇には木箱や樽が積み上げられている（札幌市公文書館所蔵）

跡が、地名の由来を物語っています。

開拓は70年、山形県と新潟県からの入植に始まり、当初は庚午《かのえうま》（「こうご」とも）一ノ村と呼ばれました。その翌年に苗穂村、１９０２年には札幌村との合併で札幌村大字苗穂村、37年（昭和12）の字名改正で札幌村苗穂となりました。函館本線周辺の一部が10年と34年に順次札幌市（区）に編入され、札幌市苗穂町になり、55年に札幌村が札幌市と合併した際、市の苗穂町と区別するために札幌村字苗穂は東苗穂に改称されました。

明治初期に、開拓使顧問のホーレス・ケプロンが「創成川以東は工業地帯に」と提言したこともあり、一帯に官営工場が建設されます。１８７６年築の麦酒醸造所を筆頭に製材、木工、錬鉄、馬具、製紙、味噌醤油醸造、製糸などの各種工場が設置され、その後の官営工場払い下げにより民間工場として操業が続けられました。１９１０年に鉄道院北海道管理局札幌工場（現ＪＲ北海道苗穂工場）が建設され、翌11年に苗穂駅が開業すると、本格的な工業地区としての体裁が整います。

鉄道周辺のビール工場、セメント工場、木工場などに鉄道の引込み線が敷設されたことで、輸送の利便性に優れたことも工場立地の好条件となりました。16年（大正5）、50年（昭和25）の地形図には引込み線が記載されています。その後、製菓や醸造、乳業などの工場進出で大きく発展しました。

しかし、周辺の市街地拡大などを背景に60年代以降、鉄道南側の中小工場が姿を消していき、北側の工場も減少が続きます。社会情勢や地域の環境変化に応じた土地利用の転換が遅れたことで、札幌駅から約２㎞と便利な位置にありながら空き地が点在するようになり、函館本線や苗穂工場の存在によって南北の交通が分断されるなどの諸問題が、地域の新たな課題になりました。

そして2005年、住民や企業、行政が協力して、地域のまちづくりを具体化する整備構想「苗穂駅周辺まちづくく計画」が策定されます。住民や来街者が交流するにぎわいの核の創出、歩きやすい快適なまちの実現などを目標に、苗穂駅周辺の整備を掲げたことで再開発がスタートしました。

18年には、苗穂駅が旧駅から300mほど西側（中央区北3条東11丁目）に移転。線路をまたぐ橋上駅に生まれ変わるとともに南北をつなぐ連絡通路が整備され、さらに駅北口にある27階建てタワーマンションや商業施設アリオ札幌（東区北7条東9丁目）と駅を結ぶ空中歩廊も設けられました。その後も駅南側に高層マンションや高齢者専用マンションが完成し、周辺の道路整備も進められています。かつては工場地区だった苗穂が、最新の都市機能を備えた地区へと変貌したことで、創成川東河岸の一部地域につけられた「創成川イースト」の名称が、苗穂駅周辺まで広がりつつあります。

【1章 註】

＊1 三日月湖 河跡湖《かせきこ》とも呼ばれます。河川下流部で大きく蛇行した場所の河道が切断され、三日月形に取り残された旧流路にできる湖沼です。

＊2 低位泥炭地 冷涼な気候下、湿原植物の遺体分解が不十分なまま堆積した土壌で、有機物に富む。札幌周辺では、ヨシやスゲなどが密生した湿地に年間1㎜ほどのスピードで形成され、ハンノキやヤチダモなどの樹木も生育します。そうした土壌での市街地化も進んでいますが、地耐力（重みに耐える力）や耐震性の弱さ、脱水作用や地盤沈下などの問題が指摘されています。

2章　かつて農業で栄えた文教エリア〈北区〉

1　ダイコンを積んだ馬車が行き交った北大前――北大通と大根道路

北大通《ほくだい》（大学通）と大根道路は、ともに北区北5条西5丁目から北海道大学の東側を北へ向かう西5丁目・樽川通の通称です。北5条西5丁目から北へ進むと、麻生町2丁目で新琴似4番通に接続して石狩市花川通8条1丁目へと続く、市道と道道で構成された都市計画道路です。

1889年（明治22）の「札幌市街之圖」を見ると、当時は北7条までが街区で、現在の北8条からは北大の前身となる札幌農学校付属農園の中を北西に道路が伸び、農園事務所や農芸伝習所付近で行き止まりになっています。99年の「札幌市街之圖」になると、北11条付近まで街区が拡大し、道路もここまで伸びています。

明治末期からは、さらに周辺の宅地化が進みます。1916年（大正5）の地形図では北23条まで街区が広がるとともに、道路は麻生町付近まで達し、30年（昭和5）の「最新札幌市地図」（北海道旅行

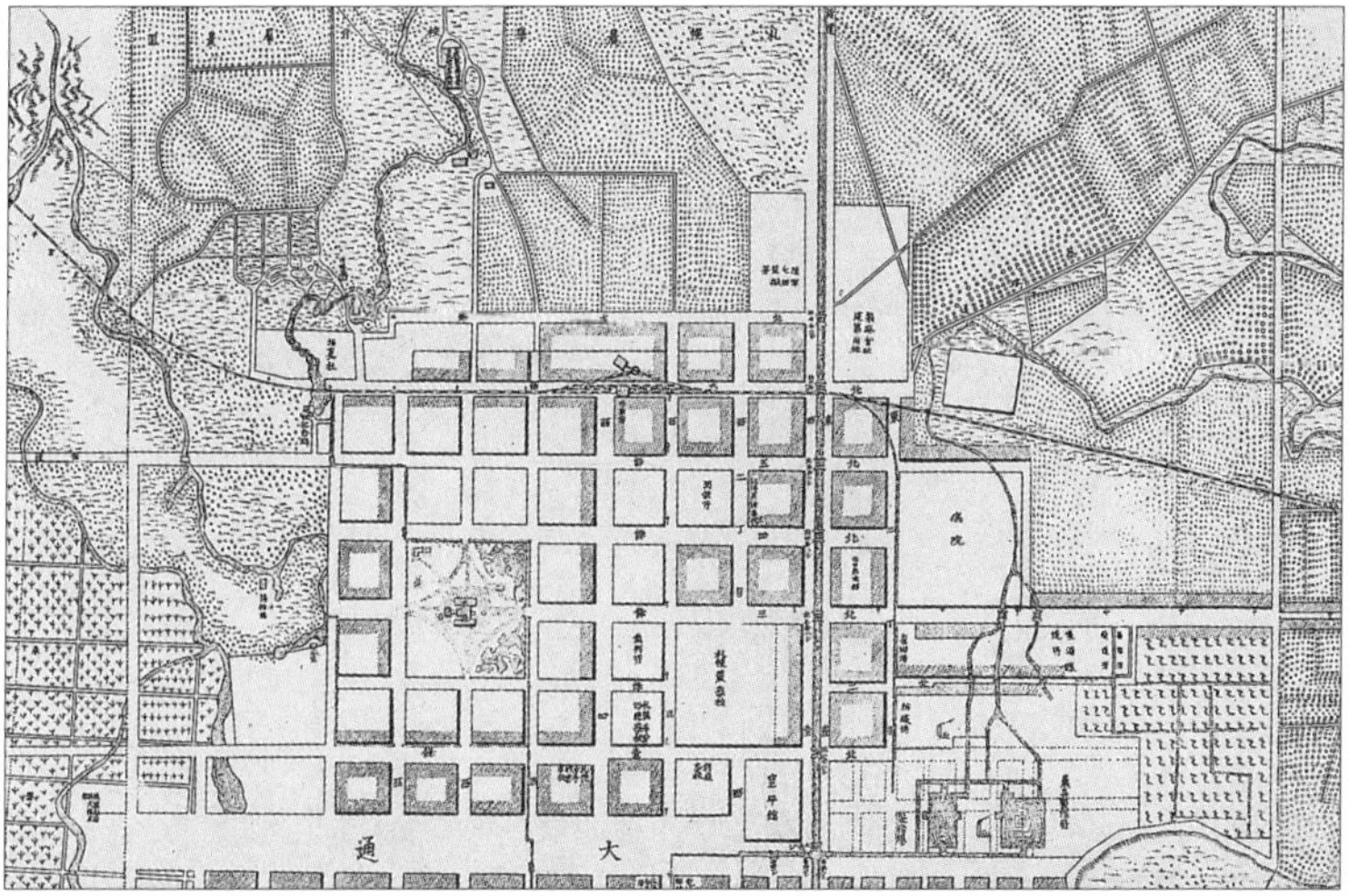

明治中期の札幌市街地図。中央が札幌停車場。現在と比べて市街地はかなり狭い
（出典：「札幌市街之圖」1889年［明治22］、北海道庁／北海道大学附属図書館所蔵、部分）

案内社）では北26条まで宅地化が進んでいます。

こうした街区の拡大に伴い、27年にはこの通りに札幌市電鉄北《てっぽく》線が開通（五丁目踏切－北十八条間）し、大学正門前、大学病院正門、病院通用門などの停留場が設置され、まさに〝大学通〟の様相を見せるようになります。市電北五条線の西5丁目あたりには一時期、停留場「大学通」もありました。その後、さらに市街地が拡大したことで、北20条あたりまでが大学通と呼ばれていたようです。

では、大学通から現在使われる通称「北大通」に、いつ頃から変化したのでしょうか。『札幌地名考』（77、さっぽろ文庫）には、「大学通」で項目がとられ、「大学前通・起点北五西五・延長五、〇六九・九〇四メートル」との説明があることから、かつては「大学前通」の通称もあったようです。北大名誉教授で農業経済学者の高倉新一郎が『札幌の街並』（77、さっぽろ文庫）に寄稿した文章にも「大学前通り」とあり、同書の掲載写真に「大学通り」の写真説明もあります。また、『さっぽろ大路小路』（72、読売新聞社）では、「大学通り」の項目がとられています。ところが、その後に刊行された『札幌の通り』（91、さっぽろ文庫）には、「北大通（鉄北線）」で項目がとられており、「以前は大学通の方がより一般的」な名称だったと説明しています。

大学通に類する通称は、北大周辺以外にも手稲区の北海道科学大付近のバス停に大学通東や大学通西、厚別区の北星学園大学近くのバス停にも北星大学通などの名称があります。60年代に私立大学の開設が相次ぎ、それらと区別するために北大通の名称が徐々に広まったのかもしれません。現在、北大周辺には「北大通」を冠した医療機関やマンションなどがいくつもあり、北大通の地名が広く定着しているようです。

この通りにはもう一つ、大根道路の通称もありました。60年代まで新琴似周辺で生産されていた特産品の「新琴似大根」を札幌中心部まで運ぶ主要路だったことに由来します。明治初期に新琴似屯田《とんでん》で生産が始まったダイコンは、品質、味覚ともに評判を呼び、隣接する篠路地区でも栽培され競合していました。しかし、1898年の洪水でダイコンが大きな被害を受けた篠路地区では、水田耕作へ移行したため、新琴似が主要な産地になっていきます。

しかし、明治期に札幌市街から新琴似屯田へ向かうためには、茨戸街道（現琴似栄町通）を琴似回りで行くか、石狩街道を利用するしかありませんでした。いずれも遠回り、かつ悪路だったため、1911年の春には農閑期を利用して、現在の麻生町の新琴似4番通と、北27条付近まで伸びていた西5丁目通を結ぶ新道（約1・7㎞）が、地元の人々によって開削されました。そして、つながった

大正期撮影と思われる新琴似付近のダイコン畑風景
（出典：『北海道農業写真帖』1936年［昭和11］、北海道農会／北海道大学附属図書館所蔵）

「鉄北大学通」のタイトルが付された絵はがき〈制作年代不詳〉。市電鉄北線は1927年〈昭和2〉に開通している（札幌市公文書館所蔵）

通りのうち、大学通から北側が大根道路と呼ばれていたようです。

最盛期の30年代には、ダイコンの作付面積が200haを超え、年間800万本が生産されるまでになりました。そのため、朝の5時頃からダイコンを山積みした馬車が、この道路を使って札幌に向かったと言われます。ダイコンのほとんどは札幌へ出荷され、需要の8割を担いました。新琴似にはダイコンを漬物加工するための共同作業場が設けられ、副業として漬物の加工販売を手掛ける農家が増えたことから、最盛期には50軒ほどの漬物加工場があったそうです。

しかし、60年頃から周辺の宅地化が急速に進み、畑は次々と宅地に変貌。今ではその面影は残っていません。

2　亜麻製線工場跡に生まれた麻のまち——麻生町

北区麻生町《あさぶ》1～9丁目は、東側が創成川、北西を琴似栄町通、南西を西5丁目樽川通に囲まれた三角形の地域です。住宅街に加え、札幌市麻生球場、札幌市下水道科学館を併設する創成川水処理センターがあるほか、市営地下鉄南北線麻生駅やJR札沼線新琴似駅に隣接した利便性の高いエリアです。麻生の地名は、1957年（昭和32）まで操業していた帝国製麻《せいま》琴似亜麻工場に由来します。

明治初期、開拓使は産業用の繊維素材として需要のあった亜麻の栽培を奨励します。1887年（明治20）には北海道製麻（後の帝国製麻）が創業。製麻工場（東区北7条東1丁目）に原料の繊維を供給するため、91年に現在の麻生町1～4丁目付近に北海道製麻琴似製線所を完成させ、操業を始めま

明治末期撮影の琴似村での亜麻収穫風景。収穫後、北海道製麻琴似製線所で加工した繊維を製麻工場に運び紡績を行った（北海道大学附属図書館所蔵）

大正期撮影とされる現在の麻生にあった北海道製麻琴似製線所時代の絵はがき（札幌市公文書館所蔵）

す。同時に新琴似屯田兵村や近隣の農家には、自立営農のための換金作物として奨励された亜麻の栽培が広がっていきます。

1907年には日本製麻と合併して帝国製麻となり、40年（昭和15）に工場名を帝国製麻琴似亜麻工場に改称。第二次世界大戦前後までは、軍服やテント、ロープなどの軍需を中心に業績を伸ばします。しかし、敗戦後は軍需を失い、食糧生産が優先されたことや化学繊維の普及もあって、製麻産業は衰退。57年に琴似亜麻工場は閉鎖されました。

約28haの敷地内には、工場の他に住宅や売店、浴場、保育所などがあり、従業員と家族の生活の場になっていました。閉鎖後は、6・6haが一般分譲され、21・4haが北海道住宅公社に売却されたことから、同公社は15・8haを住宅団地とし、5・6haを道営・市営住宅用地に転売します。

北海道住宅公社が57年から造成、建設した住宅団地は、61年までに計436戸が完成して麻生団地が誕生しました。62年には北海道住宅公社が造成した麻生団地に、市営住宅や道営住宅などを加えた約550戸が立ち並ぶ大団地に変貌します。ブロック造りの三角屋根が目を引く寒地住宅が整然と立ち並ぶ風景は、高度経済成長時代を象徴する新しい都市景観として話題になりました。

この一帯の地名は、かつて帝国製麻に由来する琴似村字帝麻《ていま》でした。43年の字名改正で琴似町新琴似の一部になり、55年の琴似町と札幌市の合併後も新琴似のままでした。そして57年の工場閉鎖後に跡地が宅地に整備される際、元工場関係者など地元住民が亜麻工場の歴史を残そうと署名を集め、「麻生」という地名に変更するよう市議会に請願します。その請願が採択され、59年に地名が麻生町に改称されました。

64年に札幌市電の鉄北線が、麻生町を経由して国鉄新琴似駅前まで伸びたことで、麻生団地と市街地北部の間の宅地化が進みました。さらに78年、市営地下鉄南北線が麻生駅まで延伸してバスターミナルを併設。以北の地域との中継地となった駅周辺は商店街となり、大型商業施設や飲食店、金融機関などが集中する市内北部の拠点になっています。

3　今も昔も中心市街地と郊外を結ぶ幹線——石狩街道

石狩街道は都市計画道路「創成川通」（中央区南7条西1丁目－石狩市生振）の通称です。中央区から創成川に沿って北に向かい、北区と東区の境界ともなっています。北1条から北33条（札樽《さっそん》自動車との交差点）までが国道5号、それ以北が国道231号となり、区間延長14・5㎞、幅員45ｍの片側4車線という中心市街地と北部をつなぐ幹線道路です。

この道路は、明治期の創成川の開削、改修とともに造成、整備されてきました。創成川が札幌本府から現在の北区麻生町付近、さらに茨戸へと順次開削された際、掘り上げた土で水路沿いに簡易な道路が造成されました。1888年（明治21）に道を拡幅し、砂利を敷くなどの改良を施したことで、この頃から茨戸新道や石狩新道と呼ばれるようになりました。

当初は大変な悪路で、雨が降ると空荷の馬車が横転するほどぬかるみ、馬そりを使える冬季の方が便利だったと言われています。その後、97年頃の創成川改修に合わせて道路も全面改修され、札幌と茨戸を最短距離で結ぶ主要道路になりました。

明治初期、石狩方面と札幌を結ぶ道路は、篠路から札幌村を経由する現在の苗穂丘珠通しかなく、当初はこれが石狩街道と呼ばれ、別称に元村街道、丘珠街道、篠路街道などがありました。しかし、創成川沿いの新道が開通して主要道路になるに従い、こちらに石狩街道の名称は移り、定着してゆきました。

1910年、沿道の物資輸送を目的に、街道上に馬車鉄道「札北《さつきた》馬車軌道」(後の札幌軌道)が敷設されます。11年に北7条東1丁目から前田農場前(現北区篠路付近)までが開業し、さらに17年(大正6)には茨戸まで延伸して石狩川(現茨戸川)の川端までの10・8kmが開通します。

この馬車鉄道は、周辺村落から雑穀や野菜、製麻工場へ原料繊維の運搬、石狩川の汽船と連絡しての貨客輸送を行いました。22年に馬車からガソリン機関車に変わりますが、34年(昭和9)の国鉄札沼《さっしょう》線開通で競合路線となったことから、35年に営業を停止しました。

時代が下って1960年代以降、札幌圏では市街地や住宅街の拡大が進み、自動車の普及に伴う交通渋滞が慢性化したことで、広域交通網の整備、拡充が課題になります。都市計画道路の創成川通は、中心市街地から放射状に郊外へ接続する路線の一つに位置づけられます。67年にスタートした北4~34条間の左岸道路の整備に始まり、中心部の国道12号や国道36号との立体交差化、右岸道路の整備などが進められてきました。

今、新たに中心部と札樽自動車道を結ぶ都心アクセス道路が計画されています。創成川通の北3条から札幌北インターチェンジ付近までの約4kmを地下トンネルで結ぶ構想です。混雑解消、高速道路への接続の利便性向上が目的にされる一方で、人口が減少する社会情勢のなかでの過大な需要

1907年〈明治40〉撮影の創成川と石狩街道。大通付近から北を望む
（北海道大学附属図書館所蔵）

大正中期撮影の石狩街道。道路中央に馬車鉄道の軌道が敷かれている（出典：『札幌開始五十年記念写真帖』1914年［大正３］、北海道農会／北海道大学附属図書館所蔵）

の見込みや巨額の事業費への疑問、騒音や振動など周辺への影響の懸念などから、反対の声も根強くあります。交通インフラとして道路の整備は過去から現在、そして将来も街づくりの重要な課題であり、議論のテーマになっています。

4 開拓に大きな役割を果たした囚人労役――赤坊川

赤坊川《あかぼう》は、東区北丘珠6条4丁目にある下水道の茨戸東部中継ポンプ場付近から北区篠路町上篠路付近で伏籠川へと合流する全長2・2㎞の排水路です。アカンボ川やあかんぼうと、読みを記した文献も見られます。

北区篠路町から東区中沼町付近は、江戸末期から明治初期にかけていち早く入植、開拓が始まりました。しかし、豊平川や伏籠川、モエレ沼などに近いことから湿地が広がり、大雨や融雪よる洪水の常襲地域でした。モエレ沼の水量を減らし、周辺の湿地を乾燥させて耕地にするため、伏籠川とつなぐ排水溝が1889年（明治22）に「藻入沼尻新川開さく工事」として着工、翌年に完成します。

この工事には、苗穂にあった札幌監獄（現・札幌刑務所）の囚人が使役されました。当時の獄衣が赤褐色だったため「あかんぼ」と呼ばれ、排水溝もアカンボ川と呼ばれるようになり、いつの間にか赤坊川が正式な名称となりました。その後も篠路新川や雁来新川などの開削工事に、囚人が使役されていきます。

これらの排水溝ができたおかげでモエレ沼の水位は下がり、湿地だった一帯の耕地化や治水が進

1881年〈明治14〉撮影の札幌監獄署。前年に大通から札幌郡苗穂村に移転した（北海道大学附属図書館所蔵）

みました。周辺の上篠路、北丘珠、中沼、さらには東苗穂など、札幌市北東部の開拓の基礎には囚人の労役があったのです。

広範で周到な取材に基づく記録文学で知られる作家吉村昭の小説『赤い人』は、空知管内月形町に明治期に開設された樺戸集治監の歴史が題材です。過酷な労役に駆り出される赤い獄衣の囚人こそが「赤い人」でした。

また、明治期の北海道を舞台に元陸軍兵の主人公とアイヌ民族の少女の冒険を描き、評判を呼んでいるマンガ「ゴールデンカムイ」（野田サトル）にも、開拓期にさまざまな労役を担った囚人たちが登場します。

赤坊川という名前には、札幌に限らず囚人の労役が大きな役割を果たした、北海道開拓の歴史の一面が刻まれているのです。

5　受け継がれた、かつての特産品〝藍〟の記憶――あいの里と興産社

北区の北東端にある、あいの里1～5条は1984年（昭和59）に生まれた新しい地名です。北側に国道337号（生振バイパス）、南東側をJR札沼線（学園都市線）が通り、西側が篠路町拓北に接する地域です。札幌圏都市計画事業の篠路拓北土地区画整理事業として、80年から90年にかけて造成された計378・2haの新興住宅地で、「あいの里団地」の通称で知られています。元は篠路町拓北でしたが、84年にあいの里1～5条の住居表示が実施されました。

87年、北海道教育大学札幌校が中央区からあいの里5条3丁目に移転、その前年にはJR札沼線あいの里教育大駅が新設されました。さらに東日本学園大学（現・北海道医療大学）も同駅前に、90年には医科歯科クリニックなど、2005年には北海道医療大学病院、19年には医療技術学部が入る札幌あいの里キャンパスを開設しています。

一帯は、「札幌ニュータウンあいの里」の名称で、住宅・都市整備公団（現・都市再生機構）によって分譲され、現在は約2万人が暮らす住宅地になっています。また、あいの里教育大駅の南側で02年から約49・3haの土地区画整理事業が進み、新たな住宅地として06年に南あいの里3～7丁目の地名が誕生。現在は約4000人が居住するエリアになっています。

あいの里の地名は、染料の材料となる植物の藍《あい》に由来します。明治の中頃、この一帯で主要作物として藍が広く栽培された時期がありました。1881年（明治14）、徳島県の滝本五郎らによって

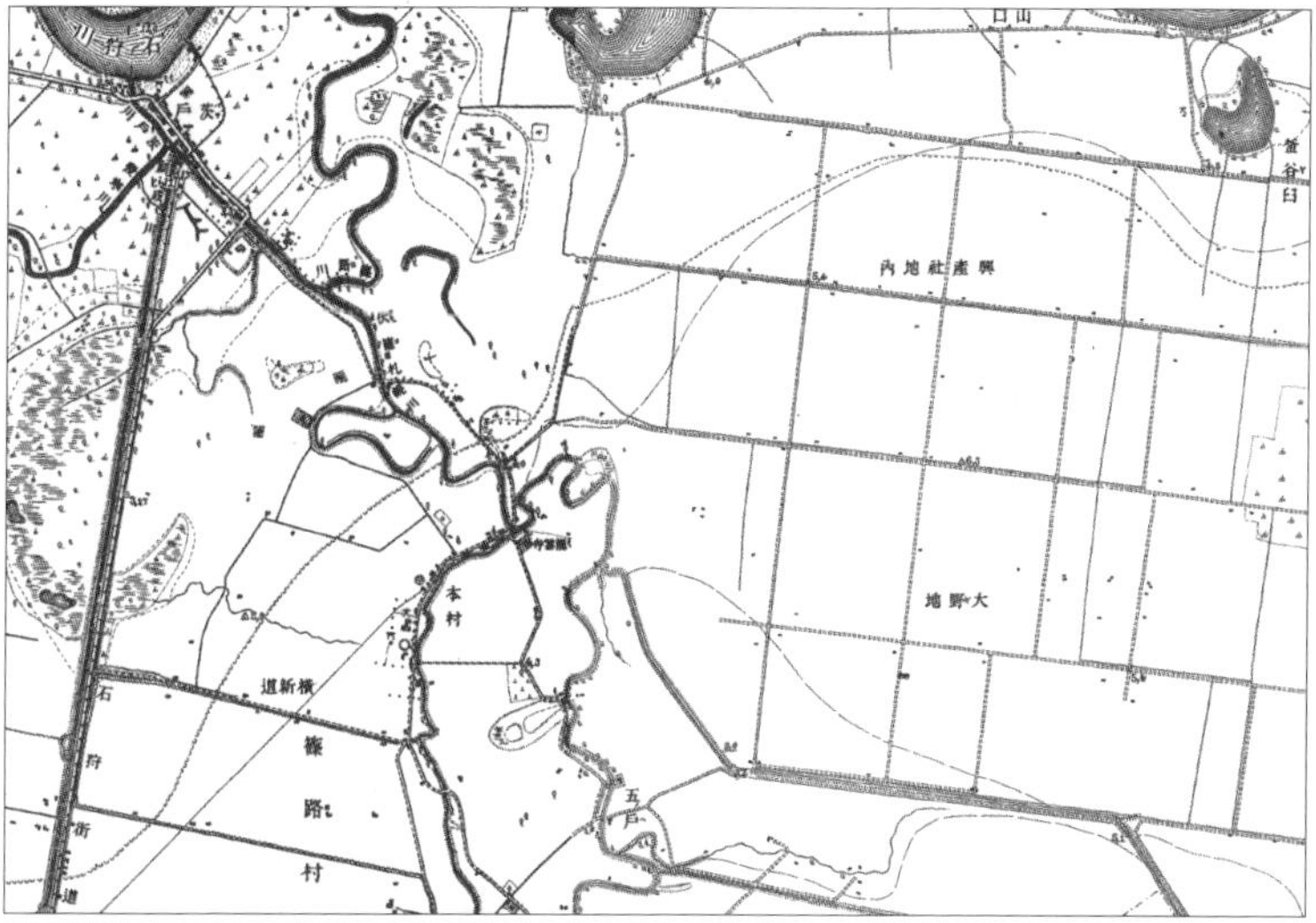

興産社地内の地名が記載された1916年〈大正5〉の地形図。その南側には大野地の地名も
（出典：国土地理院発行２万５千分の１地形図「丘珠」および「茨戸」〈16年測図〉）

開墾会社「興産社《こうさんしゃ》」が設立されました。翌82年に滝本と17人の開拓民が篠路村に入植し、土地の払い下げを受けて開墾を始めます。彼らは大豆、小豆、そばなどともに、出身地・徳島の特産品である藍を栽培しました。

　藍は当時、換金作物として高い需要があり、葉の生産だけで1haあたり70円以上の収入が得られたと言われます。徳島から技術者を雇い入れ、89年には製造所を建設して藍染めの原料となる「すくも」の加工、製造を本格化します。北海道庁の殖産政策の支援もあり、藍の生産は拡大を続け、90年の内国勧業博覧会で興産社の藍玉が一等有功賞を受賞するまでに成長していきます。

　しかし、化学染料の普及によって藍産業は衰退し、97年に興産社は藍製造をやめ、農地経営に集中しますが間もなく解散し、農地の所有者も変わりました。一帯では大正末期から水田による稲作が始まります。第二次世界大戦後の1945年には土地改良区が発足し、防風林造成や客土などを行うことで良質米の産地になりました。しかし、60年代に都市化が周辺に及び、74年に住宅都市整備公団が一帯を買収したことで、農地から住宅地へと風景は変わってゆきます。

宅地開発を進めるに際して、この地で開拓当初に藍が生産された歴史を地名に残そうと、「あいの里」の地名がつけられました。その経緯は、拓北会館（あいの里4条6丁目）の敷地に立つ「あいの里開発記念之碑」に刻まれています。

この周辺には、篠路村だった37年の字名改正以前は「興産社」の字名があり、26年（大正5）の地形図には「興産社地内」の地名が記載されています。現在は、JR札沼線の興産社踏切（北区拓北5条4丁目）や町内会名の興産社、興産社大野《おおや》地《ち》通にその名が残っています。

3章　屯田兵が拓き、鉱工業で発展〈西区・手稲区〉

1　〝借用〟から始まり変遷を重ねた地名――琴似

西区琴似はJR函館本線の南西側、北5条・手稲通までの地名で、住所は琴似1～4条1～7丁目となります。中心部を琴似栄町通が通り、JR琴似駅、市営地下鉄東西線琴似駅、西区役所などがある西区の中核エリアです。かつては、周辺区域をより広く含む琴似村や琴似町など時代を経て、今も存続する地名です。

1871年（明治4）、開拓使が一帯を琴似村と命名したことに始まり、1906年には発寒村と篠路村の一部も含んだ琴似村が新たに設置されました。42年（昭和17）の町制施行で琴似町となり、55年に札幌市と合併、72年の区制施行により西区の一部となりました。

琴似の地名はアイヌ語に由来し、語源については『北海道蝦夷語地名解』（1891）に「コトネイ　凹地・になっている・処　低處」、『札幌のアイヌ地名を尋ねて』（1965、山田秀三）では「コッネイとあります。

山田秀三は『北海道の地名』（１９８４）で、大通公園から北海道大学周辺までにあったメム（湧泉）から流れる多くの小川の名がコトニで、この小川の流れている土地の名もコトニと呼ばれていたと説明。さらに江戸末期から明治期にかけての文献、地図などにホロコトニ、ホンコトニ、シンノシケコトニ、シヤクシコトニなどの川の名があり、元は札幌中心部を呼んだ名であったと推測します。

そのコトニの名が西側の現在地に使われたのは、「府外西北の地を指定して、新たに琴似村と名をつけたからであったらしい」（『札幌のアイヌ地名を尋ねて』）と解説。アイヌ語に由来する札幌中心部の呼び名が借用されて始まり、旧村名、自治体の町村名、大字名、字名、現在の住居表示による町名などに使われ、地名が示すエリアもまた変遷を重ねてきました。

この地域では既に江戸末期から、小規模ながら開拓者が入植していましたが、本格的な開拓の始まりは明治期からの屯田兵によるものでした。１８７４年、北方警備と北海道開拓を目的に屯田兵制度が制定され、75年に旧仙台藩亘理《わたり》領（宮城県）、斗南《となみ》藩（青森県）などの士族を中心に琴似への入植が始まり、78年には計２０８戸になりました。この地が最初の屯田兵村に選ばれたのは、銭函（小樽）から札幌本府に向かう途中にある交通・通信の要衝であり、本府にも近く生活の利便性がよいことなどが理由とされています。

南西から北東へ幅約18ｍ（10間）、延長６００ｍの中心道路（現・琴似栄町通）を通し、南西に中隊本部、学校予定地、練兵場などの施設を設置し、北東側の一帯に兵屋を建てました。屯田兵は軍事教練や兵役などの傍ら、一家を挙げて開墾に従事して周辺の開拓の基礎を築きましたが、１９０４年に

1874年〈明治7〉撮影の琴似村に建てられた最初の屯田兵舎群
(北海道大学附属図書館所蔵)

1912年〈大正元〉撮影の札幌郡琴似村の耕作風景
(北海道大学附属図書館所蔵)

屯田兵制度は廃止されます。

当時の兵屋は「琴似屯田兵屋」として琴似神社境内に移築され北海道指定有形文化財になっているほか、琴似2条5丁目には復元された兵屋が国指定史跡「琴似屯田兵村兵屋跡」となっており、いずれも当時の暮らしぶりを今に伝えています。

かつて琴似村だった一帯は、リンゴなどの果樹農園が広がる近郊農村でした。しかし、60年代以降は宅地化が進み、琴似栄町通沿いに商店街を形成。この通りは、地域の中核道路であることから「琴似本通」とも呼ばれます。76年には市営地下鉄東西線琴似駅とバスターミナルが開業し、周辺地域との中継点として発展しました。

さらに、88年のJR函館本線高架化完了後にJR琴似駅周辺で再開発が進みます。高層マンションが建設されたことで周辺人口は増加し、商業施設もでき、2013年にはこれらの施設を結ぶ空中歩廊が完成。札幌西部の副都心とも呼ばれるようになった琴似地区の景観は、今なお変貌を続けています。

2　ムクドリの鳴く地から、札幌を代表する工業地域へ――発寒

西区発寒《はっさむ》は、新川と琴似発寒川のおよそ西側に広がり、北西辺の追分通が手稲区との境界、南西辺が二十四軒手稲通までのエリアです。隣接する手稲区には新発寒の地名もあります。JR函館本線、市営地下鉄東西線、札樽自動車道が通り、住宅街の広がる地域ながら、函館本線の周辺には工業

団地もあります。

語源となったアイヌ語の地名は、札幌周辺で最も古くから知られる地名の一つです。津軽藩の史書『津軽一統志』（１７３１）には、１６６９年（寛文９）に起きたシャクシャインの戦いの際、蝦夷地を探索した報告に「石狩浜口より一里程登り候て、はつしやふより二里程登り候て…」とあります。また、松浦武四郎『丁巳東西蝦夷山川地理取調日誌』（１８５７）の石狩日誌には、現在の北区茨戸の発寒川河口付近にハッシヤブフト、付図にも河口や支流にハッシヤフ、ホンハッシヤフブト、ホンハッシヤフなどの地名があります。明治期になっても地図や文献には、発三村、初寒村、初寒川、初覺《ホンハッサフ》村、１８９１年（明治24）の二十万分一実測切図「札幌」（北海道庁）に發寒《ハチャム》、Hachampet、96年の地形図には發寒村、發寒川、發寒屯田など、さまざまな表記が見られます。

語源に関連して、松浦武四郎『戊午東西蝦夷山川地理取調日誌』（１８５９）の後方羊蹄日誌には「ハツシヤム　本名ハシヤムと云楼鳥《いうむく》の如き鳥多きより号《なづく》るとかや」（ルビ加筆）、『北海道蝦夷語地名解』には川の名前として「ハチャム　ペッ　櫻鳥川　櫻鳥多シ故ニ名ク松前氏ノ時『ハツサブ』ト訛リ石狩十三場所ノ一タリ今發寒《ハッサブ》村ト稱ス」とあります。この桜鳥《むくどり》が多くいる場所との説を、山田秀三は『北海道の地名』でアイヌ民族の伝承を書いたと推測し、「北海道内のところどころの地名に桜鳥が出て来るので、その説を一応とりたい」としています。

この付近の和人による開拓は、57年（安政４）に武士と従者の一団が移住したことに始まり、さらに76年に屯田兵32戸が入植して発寒屯田兵村が開かれました。これに先立ち71年、開拓使が一帯を発寒村と命名しました。１９０６年には発寒村と琴似村が合併し、琴似村大字発寒村の字名として

1914年〈大正3〉撮影の発寒村の風景。琴似発寒川の上流を望む（北海道大学附属図書館所蔵）

北発寒、南発寒などに、43年（昭和17）の字名改称で琴似町発寒になります。その後、55年の札幌市との合併を経て72年に西区発寒となり、さらに89年に手稲区が西区から分区した際、手稲区の一部が新発寒となりました。

一帯は低湿な泥炭地で、開拓の当初から畑作が行われ、大正期には稲作が行われたほか酪農も盛んになりました。50年の地形図では函館本線南西側の一帯に果樹園が広がっています。60年代以降、函館本線沿線に鉄工や木工などの工業団地が造成されます。宅地には向かないため広大な敷地を安価で取得できる上、鉄道や道路などの利便性も良く、工業団地の立地に適していました。

発寒木工団地は市内に散在していた木工関連企業を集約し、2023年現在、18社が操業中です。発寒鉄工団地は鉄鋼、金属加工など関連企業34社が、発寒鉄工関連団地では

34社が操業しています。さらに、発寒地区第2、第3、第4の各工業団地で合計83社が操業しています。2020年の工業統計で札幌市内の区別の事業所の製品出荷額を見ると、西区がトップの約1629億円で27・6％を占めており、市内を代表する工業地帯になっています。

一方、各年代の地形図「札幌北部」をたどると、70年代から西区発寒や西区手稲東（現西町北・南）で急激に宅地化が進みます。さらに90年代に入ると、手稲区の西宮の沢や新発寒にも市街地が徐々に広がり始めます。人口増加を背景に、86年11月には函館本線に発寒中央、発寒の各駅が開業し、新型コロナウイルスの感染が拡大する直前の2019年度には、両駅の1日平均乗車人員は約4500人にまで膨らんでいます。

また、1999年に市営地下鉄東西線が宮の沢まで延伸されて発寒南駅が開業。ここから西野や北区新川方面へバス路線が整備されたことで、2019年度の1日の平均乗車人員は約9000人に及び、新たな中継駅へと成長しています。

3　もとの名は長悪山――手稲山

手稲山は、札幌市街地の西に幾つもの稜線が連なる手稲連峰や手稲連山と呼ばれる山々の主峰で、標高は1023mです。山頂は手稲区と西区の境界にあり、頂上からは札幌市街地や石狩平野、さらには石狩湾までを一望できます。山体は約370万年前の基盤岩の上に、280万〜240万年前に噴出した火成岩デイサイトで形成された楯状火山です。

江戸末期まで山の名はタンネウエンシリで、明治期に北側山麓の村名が元になって手稲山と呼ばれるようになりました。語源は村の一帯に広がる泥炭地に由来するアイヌ語で、『北海道蝦夷語地名解』は「テイネイ　濡處《ヌルルトコロ》　ハチヤム川ノ水散没シテ常ニ地ヲ濡ス處　手稲《テイネ》村ノ原名」と説明しています。

松浦武四郎『西蝦夷日誌』（1863）には小樽内と石狩の領境付近の小川のテイネニタツ、『丁巳東西蝦夷山川地理取調日誌』（1857）の石狩日誌の付図に発寒川支流にテイ子ノタフなどの記述があります。しかし山の名称では、『東西蝦夷山川地理取調図』（1859）に現在の琴似発寒川上流付近の尾根にタン子ウエンシリ、チセ子シリ、フウ子シリの三峰が南へ連続するように記されていますが、「テイネ」に類する記述はありません。

明治期の文献では、『札幌沿革史』（1897）に「長く延びて一峯をなしたるを長悪山《タン子ウエンシリ》といひ、其の西を手稲《テイ子ヌプリ》といふ」、『札幌區史』（1911、札幌區役所）には「長く延びて一峰を為したるを長悪山《タンネウエンシリ》と云ふ　其西連山の北端に於ける連山中の最高峰を手稲山《テイネイヌプリ》と云ふ」とあります。地図では、1891年（明治24）の二十万分一実測切図「札幌」（北海道庁）に「手稲山　Teineyama　984」、96年の地形図に「手稲山　983・6」が確認できます。このように手稲山の名前は、明治期以降に現れます。

元のアイヌ語の地名タンネウエンシリについて、『北海道蝦夷語地名解』には「タンネ ウェン シリ　長悪山　『エピシュオマハチヤム』ノ水上ニアリ山長ク常ニ崩壊シ攀援《はんえん》シガタシ故ニ名ク」（ルビ加筆）とあります。

これに対して山田秀三は、『札幌のアイヌ地名を尋ねて』で語義について、タンネ（長い）・ウェン

1936年〈昭和11〉撮影の北海道大学農学部本館時計塔から第1農場越しに望む手稲連峰（北海道大学 大学文書館所蔵）

（悪い）・シリ（山）との逐語訳ではなく、ウェン・シリを熟語として「その下を通過したり、或は登ったり出来ないような悪い山」の意味で断崖絶壁と解釈して、長い・断崖絶壁の山、つまり「長崖山」と書くべきではないかと指摘。さらに、手稲山南側の琴似発寒川上流沿いに断崖が続く地形を指して「あれがタンネ・ウェンシリであろう」と推測しています。

また、『札幌の地名がわかる本』で宮坂省吾は「〈タンネウェンシリ（長い断崖）〉は山名ではなく、南北両側の岩壁を指すと見るほうが妥当であろう」と解釈しています。

タンネウエンシリは、山頂の東約１・８㎞にある手稲第二峰・通称ネオパラ山（標高８３８ｍ）から、西側約５００ｍにある通称・手稲西峰（標高９９１ｍ）の小さなピークを含む山頂全体を指すとも考えられます。南側が千尺《せんじゃく》谷という鋭い岩肌の断崖となっていて、また北側も急傾斜になっていてネオパラ山も北側から見ると小さなコブ山のように見えることから、語源としては宮坂の「長い断崖」との解釈が妥当のようです。

1897年の北海道国有未開地処分法によって、手稲山を含めて一帯の山林は民間に貸し付けられて造林などに本格的に利用されるようになります。払い下げを経て所有者は代わりますが、伐採された木材は主に製紙原料などに使われました。第二次世界大戦後の1957年（昭和32年）に、北海道放送の送信所が山頂に開設されると、その後も次々と各放送局やNTTなど官民の業務用無線基地局、中継局が設置され、林立するアンテナは札幌市街地からも遠望できるほどです。

また北東側斜面は、72年の冬季オリンピック札幌大会でアルペンスキーの大回転と回転、ボブスレー、リュージュの競技会場になりました。前後してスキー場が開設され、現在では「サッポロテイネ」の名称で15コース、リフト6本を備え、市街地に近いスキー場として親しまれています。

4　お殿様が拓いた農場――手稲・手稲前田

手稲区の前田、手稲前田は、明治期に旧加賀藩主の前田利嗣《としつぐ》が開設した前田農場にちなむ地名です。JR函館本線北側の新川付近まで、東側の中の川から西の樽川通までの一帯となります。石狩・手稲通や下手稲通が通り、JR手稲駅、手稲区役所などもある手稲区の中心エリアとなっています。1942年（昭和17）の字名改正で手稲村字前田の地名が生まれ、67年の札幌市との合併後に手稲前田になり、さらに82年の住居表示実施で再び前田の町名がついています。

明治末期撮影の軽川農場放牧場。大規模な酪農経営を行っていた
（出典：『北海道前田農場』1911年［明治44］、前田利爲／北海道大学附属図書館所蔵）

利嗣は、明治維新で武士の身分と職を失った元加賀藩士への授産《じゅさん》（仕事を与え、暮らしを立てさせること）を目的に、明治新政府の殖産興業策に添って北海道での農場経営に乗り出します。

まず、1884年（明治17）に現在の後志管内共和町に元藩士79戸を入植させます。続く94年には、北区茨戸付近の農場を買収して前田農場を設立、その翌年に下手稲村軽川（現手稲区前田）の未開墾地を買収し合わせて経営します。

一帯は手稲山から小河川が流れ込む、泥炭地が広がっていました。88年になって原野の排水を目的に日本海まで新川が開削されますが、耕作に不適な土地だったことから牧草地にして酪農を展開しました。

農場の経営形態は、責任者として雇われた事務長以下20数人の職員が現場を管理し、年間のべ4000人以上の作業員を雇って運営するという大規模なものでした。

1906年に軽川が本場となり、造林やバター製造にも着手します。最盛期の08年頃には、軽川本場だけで1673ha、総面積は2006haにまで広がりました。搾乳した牛乳は鉄道で小樽まで輸送し、そこで加工された商品は「梅花印バター」の銘柄で販売されました。

しかし大正期、農場の経営は第一次世界大戦後の不況や関東大震災の影響を受けます。資金不足により乳量や脂肪含有率に優れた乳牛・ホルスタイン種への更新が遅れた上、乳牛結核病の蔓延で大量の牛を失ったことで経営は苦境に陥ります。さらに、小作農地の解放を求める当時の社会情勢などを背景に、25年(大正14)に小作地の全面解放を決定しました。

所有する山林に鉱業権が設定されたことから、37年(昭和12)にはそれらを三菱鉱業に売却し、38年に前田農場は廃業します。その後、数年の間に残った土地も処分され、前田農場の歴史は幕を閉じました。

その後、この一帯では農地の払い下げを受けて独立した自作農51戸が団結して営農に努め、酪農地域として発展しました。しかし、67年の手稲町と札幌市の合併と前後して、札幌近郊の住宅街拡大が進んだことから、前田地区でも60年代以降に宅地の開発が活発化し、いくつもの住宅団地が造成されました。70年代から90年代にかけては、4カ所で土地区画整理事業が行われています。

さらに、下手稲通が札幌中心部から前田地区まで通じた79年以降は、通り沿いに広々とした駐車場を備えるホームセンターやスーパー、ドラッグストア、飲食チェーン店など、郊外型の大型店が次々と出店し、郊外住宅街の典型的な風景が見られるようになりました。

5 かつては2000人が働いた金鉱山——金山

金山《かなやま》と手稲金山は、手稲区西端の小樽市に接する国道5号南側一帯の地名で、付近にあった手稲鉱山にちなむものです。明治期から手稲村下手稲村星置だった一部に1936年（昭和11）、「手稲鉱山」区が設置され、42年の字名改正で手稲村字金山《きんざん》となりましたが、地域住民には「かなやま」の呼称も広く使われました。手稲町と札幌市が合併した67年には、手稲金山に改称されました。さらに90年、住居表示が実施された際に住宅地が金山《かなやま》に改称され、残る南側の山林一帯に手稲金山の地名が残りました。

明治期に星置川で砂金が取れた話があり、明治期中頃から大正期にかけて星置川支流の滝の沢川上流で金の探鉱や試掘が行われたことから、この時期に手稲鉱山と命名されました。28年に鉱山技師だった広瀬省三郎が有望な鉱脈を見つけ、採掘権を取得して採掘を始めて鉱石を販売します。34年には函館本線の軽川駅（現手稲駅）近くまで輸送用ケーブルを設置し、年間約34000tを産出しました。

35年、広瀬から経営権などを取得した三菱鉱業が本格的な採掘に着手します。38年からは国策による緊急産金操業が始まり、事業は一気に拡大。黄金沢、三ツ山の立坑と新設された星置選鉱所を結ぶ約4㎞の星置通洞と呼ばれた坑道が掘削され、選別後の鉱石は香川県直島の精錬所に輸送されました。40～42年に産出量は全盛期を迎え、41年には粗鉱65万t、金1・65tを産出しました。

40年には、当時、東洋一の金山と呼ばれた紋別市の鴻之舞《こうのまい》鉱山に次ぐ、従業員約2000人の規

戦後間もない時期に発行の地形図に記載された手稲鉱山と金山地区
(出典：国土地理院発行２万５千分の１地形図「銭函」〈1950年［昭和25］二修〉)

1977年〈昭和52〉撮影の上空から見た手稲鉱山周辺の様子〈写真の上が北になるよう180°回転させた〉(札幌市公文書館所蔵、部分)

模まで成長。付近の集落には約１２００戸の社宅が並び、さまざまな公共施設が設置された鉱山町へと発展していきます。手稲村の人口も36年の約６０００人から、41年には約1万３０００人まで急増します。しかし、その後の国策の転換や産出量の激減から50年には休山状態となり、事業は譲渡を重ねながら高品位残鉱の採鉱を経て、71年に完全閉山しました。

現在の手稲西小学校（金山３条２丁目）付近から星置川沿いにあった鉱山町はすでに姿を消していますが、その中心は宮町と呼ばれ、神社や会館、学校、病院、郵便局、物品販売所などがありました。現在は宮町浄水場にその名が残るだけで、跡地には老人ホームや病院が建っています。隣接する滝見町、栄町などにあった住宅は、関係者向けや道職員住宅用として売却されました。

一帯は70年代に入ると宅地開発が進みます。70年頃に金山団地、73年に北海道住宅供給公社が１１３区画を造成した金山公社団地、74年に札幌住宅生活協同組合が造成した金山バイパス団地１２７戸など、次々と宅地が造成され、新興住宅地として発展しています。

4章　支笏火砕流台地の上に広がったまち〈豊平区・南区〉

1　日本海側と太平洋側を結ぶ要路――弾丸道路（国道36号）

弾丸道路は、札幌と室蘭を結ぶ国道36号のうち、札幌－千歳間につけられた通称で、室蘭街道や千歳街道、月寒通などの呼び名もあります。1953年（昭和28）にこの区間の改良舗装工事が完成すると弾丸道路の名で親しまれるようになりますが、今ではこの名を知る人も少なくなりました。

第二次世界大戦後、連合国占領軍として進駐したアメリカ駐留軍は47年、南区真駒内に駐留基地キャンプ・クロフォードを完成させます。この真駒内の司令部と千歳飛行場を結ぶ輸送路は当時、春先はぬかるみ、夏は砂塵が舞い上がる砂利道だったことから、駐留軍に改良を要請されます。

53年、わずか1年足らずの突貫工事で、豊平区豊平から千歳市街地までの34・5㎞が北海道初のアスファルト舗装路として完成しました。弾丸道路と呼ばれた理由は、弾丸のようにスピードが出せる、急ピッチで工事が進められた、米軍が弾薬を運んでいた――など諸説あります。その後もカー

1948年［昭和23］9月、北海道新聞社撮影。真駒内「キャンプ・クロフォード」でのアメリカ駐留軍（札幌市公文書館所蔵）

1960年〈昭和35〉撮影の上空から見た清田区里塚地区。南東方向を望み、左が建設中の道央自動車道、右は国道36号となる（札幌市公文書館所蔵）

ブや急傾斜の改良、拡幅、市街地のバイパス建設などが続けられてきました。2021年度には、積雪寒冷地や自動車高速走行のための先駆的な設計基準を導入し、北海道に限らず全国の道路改良の指針になったとの理由から、土木学会選奨土木遺産に認定されています。

現在の国道36号に沿ったこのルートは、江戸時代から日本海側の石狩と太平洋側の勇払（苫小牧）を結ぶ交通路として利用されてきました。石狩川から千歳川を舟で遡り、千歳の美々付近で上陸して分水嶺を越え、再び舟で美々川、勇払川を下って太平洋岸に達することから、千歳越、勇払越などと呼ばれました。江戸末期には箱館と石狩を結ぶ開拓の要路として道路開削が急がれました。

1857年（安政4）、松浦武四郎の進言により箱館奉行所は銭函（小樽）から星置や島松、千歳を経て勇払に至る新道の開削を始め、2年ほどで完成した後は、サッポロ越新道、千歳越新道と呼ばれます。72年（明治5）、北海道開拓使は函館－札幌間の本格的な道路建設に取り掛かり、翌年に完成。函館から森、森から海路で室蘭へ渡り、苫小牧、千歳、札幌へ至る札幌本道が誕生しました。

今では、札幌中心部から豊平区豊平、月寒、そして清田区を経由して北広島市へ向かう幹線道路となった国道36号。豊平区内では市営地下鉄東豊線が並行し、月寒中央、福住の両駅周辺には大型商業施設や飲食店、金融機関、事業所などが集中。両駅に併設されたバスターミナルは、札幌南東地域から広島や千歳方面を含めた地域の交通結節点ともなっています。

さらに、北海道を代表する空の玄関・新千歳空港と札幌を結ぶルートであることから、1971年には、道央自動車道の千歳－北広島間が道内初の高速道路として開通し、ここから札幌を含む各地に高速道路網が広がってゆきます。江戸時代から現代まで、このルートは道内交通の要衝としての役割を担っています。

2　兵隊のまちから住宅街に――月寒

月寒《つきさむ》は豊平区北東に位置する大きなエリアで、月寒中央通、月寒西、月寒東の町名があります。周辺は緩やかな丘陵で、月寒中央駅あたりが標高50ｍほどです。一帯は、約４万年前に支笏カルデラを形成した大規模噴火による火砕流で運ばれた軽石や火山灰が堆積する火砕流台地で、月寒台地(1)と呼ばれています。

１８７１年（明治４）、岩手からの移民が千歳道（現国道36号）沿いに入植し、翌72年に北海道開拓使が戸長を任命して月寒村が誕生。１９０２年に豊平村、平岸村と合併し、08年には豊平町となって大字月寒村、さらに44年（昭和19）の字名改正で字月寒が残りました。第二次世界大戦後の47年に字八紘が字東月寒に改称された後、61年に豊平町と札幌市が合併して、札幌市月寒、東月寒となり、町名整備が順次進んだことで現在の月寒中央通、月寒西、月寒東になりました。

今は「つきさむ」の読みですが、以前は「つきさっぷ」と呼ばれたアイヌ語に由来する地名です。松浦武四郎の『西蝦夷日誌』（１８６３）に「チキシヤブ（小川）昔し神が火打を忘れし古跡なりと。チキシヤブは火打の事なり。依て秦皮《アカタモ》をチキシヤニといへるなり」、『北海道蝦夷語地名解』（１８９１）には「チキサプ　火ヲ鑚ル處『アカダモ』ノ木片ヲ鑚リテ火ヲ取リシ處」と記述されています。

また、高倉新一郎、知里真志保らが監修した『北海道 駅名の起源』（１９５４、札幌鉄道管理局）には、

「月寒駅《つきさっぷ》　アイヌ語『ヅ・ケシ・サプ』（丘〔の〕・はずれ〔の〕・下り坂）の転訛と思われる。また『チ・キサ・プ』（われわれ〔が〕・木をこすつて火を出した・ところ）であるともいう」とあります。これらを基に山田秀三は、『北海道の地名』（1984）で、丘のはずれの下り坂の説は「音と月寒台の地形に合わせて巧い案」とする一方、火を出したところの説は「アイヌの間に伝承されていたチキサの音は捨て難い」として、語義がはっきりしないと説明しています。

月寒村の開設当初は「つきさっぷ」と読み、1926年（大正15）に北海道鉱業鉄道として開業した千歳線の駅名、羊ケ丘の種羊場名などの読みも「つきさっぷ」でしたが、44年（昭和19）の字名改正で「つきさむ」と読むことになりました。付近に移り住んだ住民が「つきさむ」と呼ぶことが増え、陸軍の北部軍司令部が置かれた際に、「つきさむ」と読むように求めたことなどが理由とされています。現在では「つきさっぷ郷土資料館」（月寒東2条、旧北部軍司令官官邸）や「つきさっぷ中央公園」などに名残が見られます。

街道沿いの農村だった月寒が市街地として発展するきっかけは、1896年の陸軍第七師団の設置でした。翌年、師団は旭川に移転しますが、引き続き独立歩兵大隊（後の歩兵第二十五連隊）が駐屯。その後は北部軍司令部も置かれました。現在の月寒東1条3丁目から2条8丁目までの国道36号に沿った広い一帯です。札幌月寒高校のあたりに歩兵営、月寒体育館の周辺には練兵場、札幌第一高校の位置には陸軍衛戍《えいじゅ》病院がありました。

隣接する街道沿いには、軍へ納品する食料品や日用雑貨を扱う店舗を中心に商店街が形成されました。制服の仕立て屋、土産物の盃やタオルなどを扱う店、「月寒あんぱん」を商うパン屋なども軒

明治末期撮影の歩兵第二十五連隊。1896年〈明治29〉設置の第七師団が前身となる
（出典：『東宮殿下行啓記念〈上〉』1911年、北海道庁／北海道大学附属図書館所蔵）

1936年〈昭和11〉頃撮影の歩兵第二十五連隊札幌連隊区司令部
（出典：『札幌市写真帖』36年、札幌市役所／北海道大学附属図書館所蔵）

を並べていました。

陸軍の施設は敗戦直後、米軍に接収されましたが、その後、外地からの引き揚げ者のための住宅に利用されます。当時は混乱した状況で、人の出入りも激しく、正確には把握されていませんが、1949、50年には戸数約600戸、約3000人が居住していたとの記録が残っています。

50〜60年代になると周辺では区画整理事業が進み、地域を東西に横断する白石藻岩通などの幹線道路も次々と整備され、住宅地が増えていきます。94年、市営地下鉄東豊線が福住まで延長され、国道36号沿いに月寒中央駅ができたことで周辺の利便性が高まりました。現在はマンションや事業所などが建ち並び、かつての面影はありません。月寒中央通4丁目の中通りに残る、かつて「小便通り」「洋次通り」と呼ばれた小さな飲食店街に、かろうじて昭和の面影を残しています。

3　地名に留められた、美しい花園だった時代——美園

美園《みその》(1〜12条1〜8丁目)は豊平区の北東部に位置し、東北通を境に白石区と接します。北西側に米里行啓通が走り、南東側には望月寒川が流れ、南辺に月寒公園があります。国道36号と環状通の二つの幹線道路に加え、市営地下鉄東豊線もあって利便性が高く、住宅街が広がっています。

明治初期は豊平村の一部でした。和人による開拓は、隣接する現在の豊平地区も含めた一帯に1873年(明治6)に石川県、翌年に青森県からの移民が入植したことに始まります。78年に岩手県人の星川喜助が、現在の美園3条8丁目付近の望月寒川沿いに水田を拓き、稲作に成功します。

1977年［昭和52］撮影の美園地区〈美園1条8丁目〉を流れる望月寒川。豊平区西岡から流れ出し、白石区米里で月寒川に合流する（札幌市公文書館所蔵）

94年には平岸から白石に向かう用水路が造られ、さらに水田が増えました。一方、北海道開拓使が苗木を配布して奨励したことから、隣の平岸と同様にリンゴの栽培も次第に広がりました。

74年に豊平村が誕生した当時、現在の美園を含む一帯の字名は望《も》月寒《つきさっぷ》川沿《かわぞい》でした。1902年に月寒村、平岸村と合併して新たな豊平村が誕生し、08年には豊平町になりました。

その後、10年に大字豊平村の一部が札幌区に編入されますが、美園の一帯だけが取り残されたことから「残村」などと呼ばれ、新たな地名が定まらないまま時が過ぎます。ようやく44年（昭和19）の字名改正で、美園という地名がつけられました。

当時、この地域には花卉《かき》を栽培する農家が多く、リンゴ園もあったため、春から秋にかけては花園の様相を呈したことが地名の由来とされます。当初は豊平町議会が御園と決めましたが、「御」は皇室を想起させ不敬との指摘を国から受け、急遽、漢字を「美」に変更したそうです。

１８９６年の地形図には、札幌本道（現国道36号）沿いに農家が数軒並び、望月寒《モツキサップ》の地名があります。１９１４年（大正５）の地形図では、一帯に広く水田が分布し、東側は陸軍の射撃場になっています。第二次世界大戦終了後は、51年に陸軍の射撃場跡地に外地からの引揚者用住宅２１０戸が豊平町によって建設されます。このほか、美園６～７条７丁目には一般住宅、８条以南に公務員宿舎が出来ました。さらに陸軍から町へ譲渡されていた小演習場が戦後に整備され、61年に月寒公園が開園しています。

札幌市と隣接する美園は、札幌圏の都市計画の一環としていち早く44年から土地区画整理事業が始まり、周辺も含めて全域で70年代までに土地区画整理事業が行われました。61年の豊平町と札幌市の合併と前後して、付近では宅地開発が進んで人口が急増し、住宅街に変わってゆきます。72年の政令指定都市移行で豊平区が誕生。当初は月寒に置かれた豊平区役所が、74年に美園12条に隣接する現在地（平岸６条10丁目）に移転します。

67年以降は、環状通の整備が美園－白石中央間から進みました。94年には市営地下鉄東豊線が福住まで延伸し、美園駅や豊平公園駅の開業で国道36号沿いに商業施設や金融機関、事業所が集中するほか、近年は環状通沿道にも飲食店などが増えています。市内中心部へのアクセスが良くなったことで、駅周辺に中高層マンションが立ち並ぶようになり、住宅街の景色も広がります。

74年には、環状通沿いの区役所から国道36号との交差点までの、約１・１㎞にわたる中央分離帯にリンゴ並木が設けられました。美園地区町内会連合会の広報には「美園りんごのひろば」のタイトルがつけられており、かつて地域を支えたリンゴ園の名残を留めています。

4　平岸の発展を見守ってきた火山灰の丘――天神山

天神山は、豊平区平岸1条18丁目、2条16〜18丁目付近の標高89ｍの丘陵です。周囲からは30ｍほど高く、わずかに北へ傾斜していて、ほぼ全域の6・4haが天神山緑地に指定されています。約4万年前の支笏火砕流堆積物からなり、市営地下鉄南北線の高架と平岸街道を挟んだ東側に位置する、平岸霊園や札幌平岸高校のある月寒台地とかつては連続していました。

豊平川は約1万年前まで、現在の南区・石山陸橋のあたりから天神山の東側を、地下鉄南北線のルートに沿って白石区菊水あたりまで流れ、豊平川扇状地（札幌扇状地）の平岸面を形成していました。このときの侵食によって、天神山は月寒台地から切り離された分離丘陵になりました。

その後、豊平川は何度も洪水を繰り返すことで平岸面を侵食し、西に流路を変えて扇状地の一段低い札幌面を形成しました。一方、平岸面は礫や砂などの河川堆積物が層をなす、一段高い河岸段丘面となっています。そのため、南区澄川から平岸あたりの土地は保水性に乏しく、開拓時には用水路による灌漑が必要だった半面、排水のよい土質がリンゴ栽培に適していたことからリンゴ園が増え、昭和初期には平岸リンゴとして人気を呼び、輸出されるまでになりました。

天神山の山頂付近には、相馬神社が建立されています。１８７１年（明治4）、この地に最初に入植

明治末期撮影の十間道路。現在の平岸街道の前身で、道路の両側にリンゴ園が広がっていた（出典：『東宮殿下行啓記念〈上〉』1911年［明治44］、北海道庁／北海道大学附属図書館所蔵）

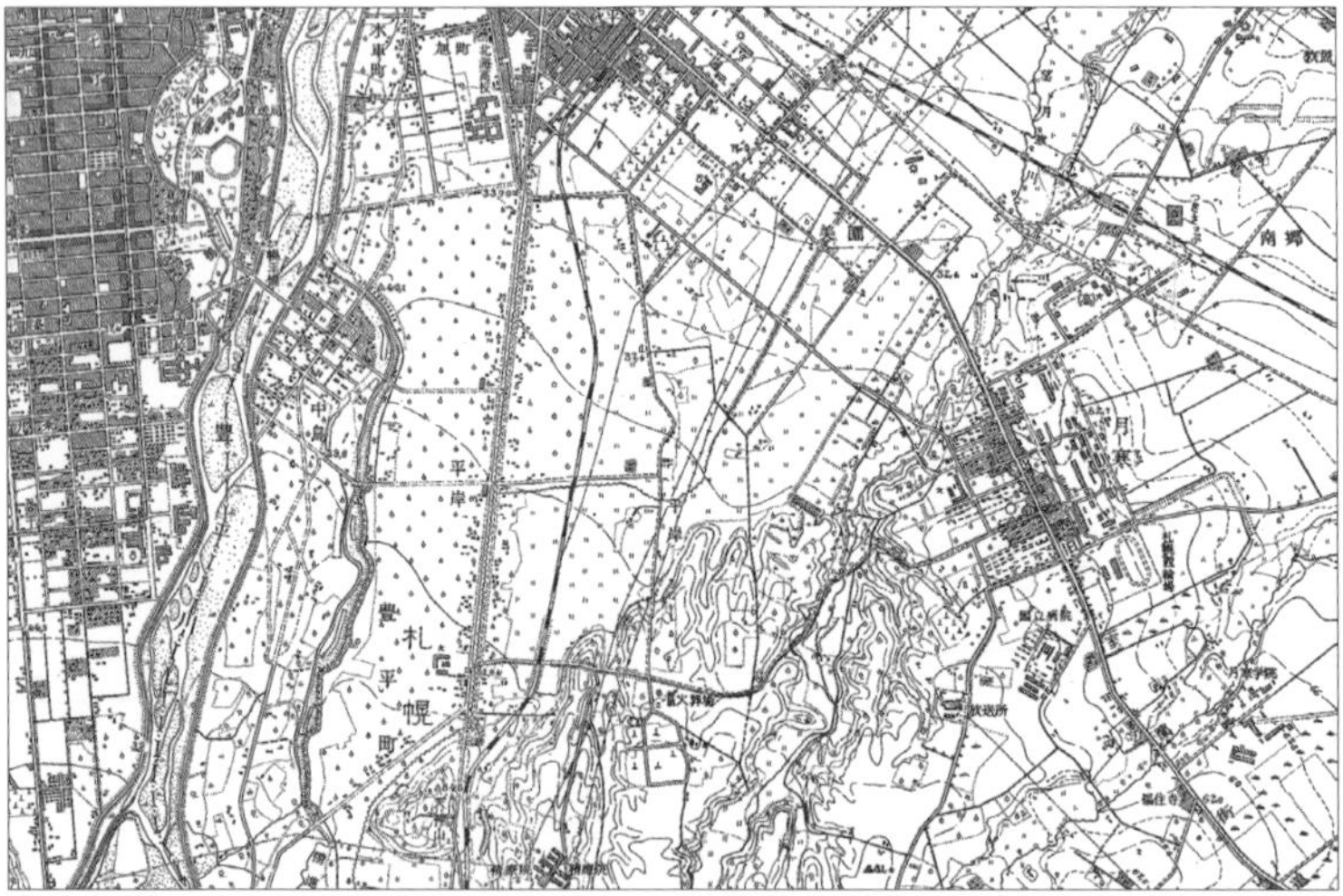

南北を貫抜く平岸街道沿いに果樹園が広がり、その南側に天神山がある（出典：国土地理院発行２万５千分の１地形図「札幌」〈1952年［昭和27］資修〉および「月寒」〈50年二修〉）

した岩手県水沢の人たちが、氏神を祀ろうと遥拝所をつくり、開拓の成功を祈ったことに始まります。札幌神社の遥拝所となった後、1909年、福島県相馬郡にある太田神社の分霊を遷座しました。また、それに先立つ03年、酒類や食料、雑貨を扱う三国屋の経営者・南部源蔵がこの地に農場を開いた際、郷里の福岡県太宰府天満宮からの分霊を祀った平岸天満宮を建立。天満宮が天神様と呼ばれていたことから天神山の名が付きました。

天神山の斜面からは、35年（昭和10）に石器と縄文土器が発見され、93年から2008年にかけて計3回の発掘調査が行われた結果、約8000年前から付近で人が暮らしていたことが分かりました。また1931年には南端で、江戸時代の文政年間（1818〜29）にできたとされるチャシ（砦）跡も発見されていますが、用途は分かっていません。周囲から独立した丘になっている天神山は、古代から人々にとって特別な場所だったのかもしれません。

天神山緑地にはウメ、サクラ、フジの樹や日本庭園などがあり、散策や行楽の場として親しまれています。頂上付近には、2014年オープンのさっぽろ天神山アートスタジオがあり、国際的なアーティストの滞在、創作の場として利用されるほか、市民との交流の場にもなっています。

また、北側に石川啄木の短歌「石狩の都の外の君が家　林檎の花の散りてやあらむ」を刻んだ札幌平岸林檎園歌碑、劇作家で小説家の久保栄による戯曲「林檎園日記」の一場面を刻んだ文学碑があります。いずれもリンゴ園の情景が描かれており、平岸がリンゴ栽培の中心地として栄えた往時が偲ばれます。

5　語源は「絶壁のところ」——ニセイオマップ・簾舞

１９６１年（昭和36）に札幌市と豊平町が合併するまで、南区は豊平町の一部でした。およそ現在の豊平区、南区、清田区からなる町域を持っていた豊平町は、札幌よりも広い自治体だったのです。そのなかで、明治初期からいち早く開拓が始まった集落の一つが南区の簾舞《みすまい》です。

札幌中心部から国道２３０号で約17㎞先に位置する簾舞は、豊平川右岸に広がります。明治期の開拓当初から第二次世界大戦前までは、現在の南区石山付近から定山渓に至るまでの広大な地域を指す地名でした。

行政上の地名の変遷はたいへん複雑です。明治期末には豊平町平岸村として、簾舞、簾前《みすまえ》、ミスマイ、ミソマイ、ミソマップと5つの字名がありました。１９４４年（昭和19）の字名改称で、「簾舞」は平岸、石山、常盤、藤野、簾舞《ミスマヒ》、豊滝、定山渓に、「簾前」は石山、藤野に、「ミスマイ」は石山、藤野に、「ミソマイ」は藤野に、「ミソマップ」は石山にと、それぞれ区割りも変えられ改称されています。さらに72年、政令指定都市となった際には、周辺の地名が、南区簾舞、石山、藤野、豊滝、小金湯、定山渓となりました。

簾舞の地名は、アイヌ語のニセイオマップが語源です。『北海道蝦夷語地名解』では簾舞について、「ニセイ オマプ　絶壁ノ処　俚人訛リテ『ミソマツプ』ト云フ今簾舞《ミスマフ》ノ字ヲ用ユ並ニ非ナリ」。また、「ニセイ ケシュオマプ　絶壁ノ端ヲ流ル川」とも解説しています。その場所は、簾舞と藤野の境界付近に位置する、新御料橋が架かった豊平川の狭い峡谷部です。ここにはかつて、簾舞峡谷や馬頭臺《ばとうだい》

1935年〈昭和10〉撮影の簾舞地区。花岡神社前から簾舞市街地を望む（北海道大学附属図書館所蔵）

御料《ごりょう》峡といった地名もありました。

種々の古地図や文献にも、簾舞川の表記にミスマップのルビ、ミソマイ、ニセイケシヨマフ、ニセイオマプ、ニセイケシュオマプなど10種以上の表記が見られ、漢字表記も簾舞、簾前、簾舞川、二星岱《にせいたい》などがあります。現在も、簾舞観音沢、二星岱（観音山）、ミソマップ会館などの地名や施設名が、地域に残っています。

開拓のはじまりは1872年（明治5）、北海道開拓使が有珠新道（本願寺道路）沿いに簾舞通行屋を開き、黒岩清五郎に屋守《やもり》を命じてからのことです。有珠新道の管理と、虻田－札幌間を行き来する旅人の宿泊や運送に便宜を図るためでした。

もとは、現在の簾舞中学校の北側にありましたが、後に馬車も通れる新道（現・旧国道）ができたため、その沿道（簾舞1条2丁目）に移転しました。しかし、翌年には札幌本道が完成したため行き来する人が次第に減り、89年に通行屋は廃止されました。

早くは83、84年頃から、付近に数戸が移住して開墾が始まりますが、本格的な開拓は88年からのことです。豊平川右岸の簾舞川から小金湯にかけて、北海道庁から土地の払い下げを受けた札幌農学校の農場が開設されたのです。

その後、多少の曲折を経て札幌農学校第四農場となり、95年に27戸の小作人が入植し、大正期には小作人約70戸、農地は約384haまで拡大しました。この農場では、作物の栽培と家畜の飼育を組み合わせた先進的な有畜農業が導入され、試験的模範経営が行われました。さらに、水田造成に補助金を支給するなど積極的な開拓を進め、この地域で指導的な役割を果しました。次第に入植者も増え、小作人組合が組織されるなど自治活動も活発でした（第二次世界大戦後の1949年、豊平町による買収で農場の大半は農地解放されています）。

また、簾舞、定山渓、月寒村等にまたがる約6000haの御料林《ごりょう》があったことから、木材の切出しを目的に1890年、札幌出張所分担区員駐在所が置かれました。98年には宮内省御料局（後の帝室林野局）の御料農場も設置され、12戸が入植。大正期に入ると、農地約650ha、戸数は185戸まで増えていきます。農場は1925年（大正14）、小作人に払い下げられ、その後は自作農として自立していきます。

札幌農学校第四農場と御料農場への入植者が増えたことから、1915年頃になると簾舞市街には尋常小学校をはじめ、郵便局、巡査駐在所、旅館、各種商店が立ち並び、繁華な市街が形成されました。いまでは静かな住宅街となった簾舞地区ですが、かつては賑やかな時代もあったのです。

【4章 註】

＊1 月寒台地 約4万年前、支笏カルデラを形成する大規模な火山噴火によって大量の火砕流が発生。石狩低地帯の丘陵部を埋めるように厚く堆積して台地状の地形を形成しました。この台地は、白石区から豊平区月寒、平岸、西岡、南区真駒内など札幌南東部に広がっており、平岸台地と呼ぶこともあります。

5章　幹線道路に沿って伸張〈白石区・厚別区・清田区〉

1　メインストリートとともに発展――白石（国道12号と南郷通）

豊平川と厚別川の間に広がる白石区は、北西から南東方向に走る道路や鉄道、地下鉄が区内の交通の軸になっています。区名は、1871年（明治4）から開拓が始まった本通（国道12号）沿いの一帯が、白石村と命名されたことにちなみ、82年には白石フラグステーション（簡易停車場）が開業。1950年（昭和25）に白石村と札幌市が合併して、旧村内の地名が白石町○○となり、さらに72年の区制施行で白石区となった際に「白石町」が削除されたことから、現在は区名以外に白石という地名は残っていません。その後、89年に厚別区が分区されています。

本通は、1871年に旧仙台藩支藩白石藩士らが入植した際の中心の道路です。現在の中央1条1丁目付近から白石神社（本通14丁目北）にかけての約3・6㎞、幅約18ｍの道路で、その両側に翌年までに計104戸380人が入植して白石村が誕生しました。

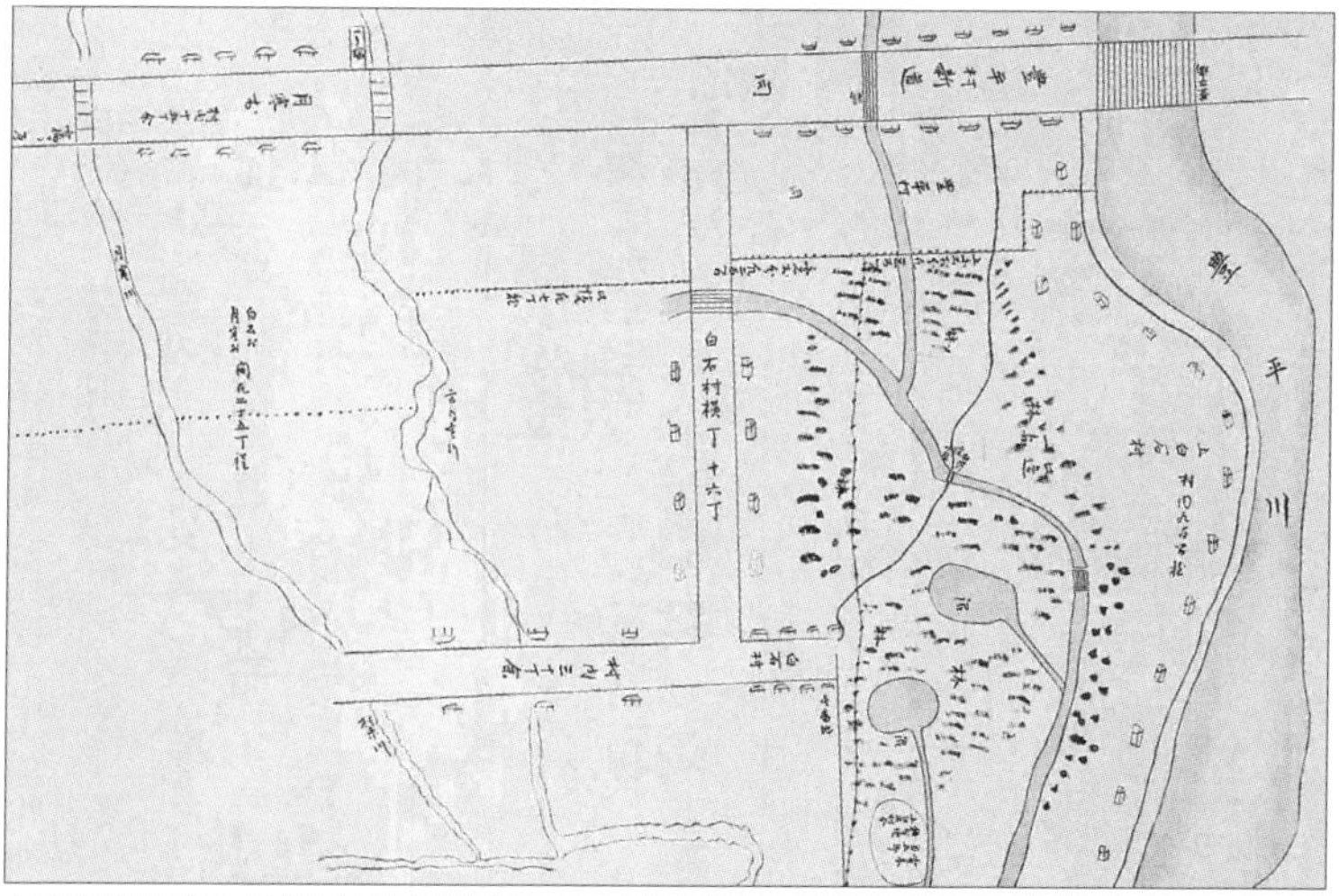

明治初期作成の「月寒白石村附近図」〈大村耕太郎筆、1917年［大正 6］借写〉。図の下側が北東方向になる（北海道大学附属図書館所蔵）

大正前期撮影の白石駅。最初はフラグステーションとして設けられた
（出典：『白石村誌』1921年［大正10］、白石村役場／札幌市公文書館所蔵）

89年、白石村を経由する札幌－江別間の江別通が開通します。80年前後に設置された江別屯田、篠津屯田、野幌屯田の各兵村と連絡するとともに、86年に開削が始まった市来知《いちきしり》（現三笠市）－忠別太（現旭川市）間の上川道路につながることで道北方面への主要路となりました。一方、白石から札幌中心部へは、札幌本道（現国道36号）の豊平橋を経由する遠回りのルートしかなかったため、90年に白石街道の延長線上の豊平川に東橋が架けられ、中心部への移動時間が大きく短縮されました。

第二次世界大戦後、１９５２年に札幌－旭川間が国道12号に指定されました。50年の地形図では、現在の本通4丁目あたりを中心に道路沿いに集落があるものの、周辺には水田や畑、果樹園などが広がっていました。60～70年代にかけては、区内のほぼ全域で土地区画整理事業が行われ、急速に住宅地が広がります。

国道12号なども順次、舗装が進み、沿道には自動車販売店、ドラッグストア、飲食チェーン店、スーパーなど大型店が次々と出店して、街道沿いの典型的な風景に変貌しました。今も地元では白石本通の名で親しまれ、地区名として「本通」が使われています。

一方の南郷通は、国道12号の交通量が増加し続けたため、その南側に並行する都市計画道路として建設されました。菊水歩道橋（円形歩道橋、菊水3条5丁目）からもみじ台までが完成（一部の区間を除く）した74年12月に開通式が行われました。現在は、中央区北3条東10丁目から豊平川に架かる水穂大橋を渡り、白石区を経由して厚別区でもみじ台通と交差する、延長約12㎞、片道3車線の通りになっており、中央分離帯にはニセアカシアなどの並木が続きます。

一帯に入植が始まった明治初期頃に南郷の地名が生まれたとされ、本通を境に北側を北郷、南側を南郷と呼んだと言われますが、詳細は不明です。60年代の土地区画整理事業後、付近の町名に南郷通○丁目北・南が使われるようになりました。

南郷通に沿って地下鉄東西線が76年に白石まで、82年に新さっぽろまで開通し、各駅にバスターミナルが併設されたことで周辺には商業施設が増えてゆきます。さらに2016年には、地下鉄白石駅に直結して白石区役所や区民センターなどが入る白石区複合庁舎がオープンし、区の中心的な存在になっています。

明治期から幹線道路だった本通と、沿道に各種施設の集積が進む南郷通は、ともに白石区の交通や都市機能を支える地域の中軸になっています。

2　侯爵が拓いた農場と引っ越してきた夜の街——菊水（菊亭脩季）・札幌遊郭

白石区の菊水一帯は、もともと明治初期に上白石村と命名された地域でした。現在の菊水元町1条1丁目に農場を開いた華族の菊亭脩季《きくていゆきすえ》侯爵（1857～1905）の「菊」の字と間近を流れる豊平川にちなむ「水」から、1954年（昭和29）に菊水を含む地名が付けられました。

豊平川右岸沿いの南西から北東にかけて、約5㎞にわたり連なるエリアで、その間に一条大橋、水穂大橋、東橋、平和大橋、上白石橋、北十三条大橋、環状北大橋の7本の橋が架かります。さらに、それに接続する通りが北西から南東に横断し、地域の中央を南7条米里通が貫いています。

現在の本通沿いに入植した旧仙台藩支藩白石藩士の一部が、1873年（明治6）に豊平川右岸沿いに移り住んだことから、その翌年に付近が上白石村と命名されました。1902年の白石村との合併、その後の一部地区の札幌区編入を経て、50年に白石村は札幌市と合併。その際、既に札幌市になっていた地区と新たに編入した地区の字名の整理統合が必要となり、地元住民の要望も踏まえて54年に菊水の付いた新たな地名（菊水南町、菊水西町、菊水北町、菊水東町、菊水上町、菊水元町）が定められました。さらに、72年の区制施行で白石区になった後の73、74年に再編、変更したことで、現在の菊水○条○丁目、菊水上町○条○丁目、菊水元町○条○丁目の地名となっています。

名前の由来となった菊亭脩季侯爵は、1886年に上白石に菊亭農場を開いた後、現在の空知管内雨竜町に共同で農場を設立するなど道内各地の開拓に携わりましたが、いずれも成果は得られませんでした。結局、跡を継いだ長子の菊亭公長は、各地の所有地を処分して北海道を離れます。

上白石の農場跡地は1926年（大正15）、北海道炭礦汽船株式会社が結成した住宅組合が一括購入。区画整理して1区画約500㎡の計250区画を分譲しました。そのほとんどを同社社員が退職後の住宅用に購入したため、土地はそれまで通り小作人に貸し与えられました。しかし、多くが不在地主だったため、第二次世界大戦後の農地改革で土地は小作人に売却されました。

一方、菊水2～5条、1～2丁目の通り沿いには、かつて札幌遊郭（通称白石遊郭）がありました。30軒以上の妓楼が並び、それぞれに10～20人の遊女を抱えていました。遊郭の入り口には大きな門が立ち、通りの真ん中に小川が流れ、料理店や遊技場、商店などが立ち並んでいたそうです。

実はこの遊郭、すすきのにあった薄野遊郭が20年までに移転して誕生したもの。明治初期にできた薄野遊郭ですが、周辺の市街化が進み、近くに豊水小学校や区立女子職業学校が開校して風紀上

すすきのから1920年〈大正9〉までに移転を終えた札幌遊郭の絵はがき〈作成時期不詳〉。通称・白石遊郭とも呼ばれた（上ヶ島オサム氏所蔵）

問題があるため移転を求める声が上がりました。そして18年、中島公園を主会場に開催された開道五〇年記念北海道博覧会を契機に、遊郭は菊水へ移転することになったのです。

そのしばらく前、豊平川右岸の上白石から豊平一帯にかけて数多くあったリンゴ園が、病害虫の被害で壊滅的な状態になり、リンゴ園主らは代わりに遊郭の誘致を考えます。

その前提として上白石一帯を札幌区編入するための運動を行い、10年に編入を果たしたことから、10人のリンゴ園主が約6・8haの土地を札幌区に寄付して遊郭の移転が決まりました。23年には、札幌の中心市街地につながる南一条橋（現一条大橋）を関係者が私費で架け、札幌市に寄付しています。

第二次世界大戦終了後、占領軍として進駐した米軍の命令で公娼制度は廃止されますが、駐留兵士慰安を目的に公設慰安所として復活し、一部が営業を続けました。しかし、51年の札幌市風紀取締条例施行で妓楼は減少し、58年の売春防止法の完全施行で遊郭は姿を消しました。

現在は、一帯にスーパーや勤医協札幌病院、軽費老人ホーム札幌市菊寿園が立ち並んでおり、往時の面影は菊水公園内にある菊水神社（旧菊水稲荷神社）の祠しか残っていません。

3　あちらこちらにあった〝厚別〟の地名――アシリベツとあつべつ

厚別という地名は、現在は厚別区の名称と区内の町名表示に使われています。読みは「あつべつ」ですが、元は「あしりべつ」との読みもあり、厚別《あつべつ》川流域の厚別、白石、清田、豊平の各区に広くまたがる地名でした。

いずれもアイヌ語に由来し、語源とみられる、あるいは類似した地名としては、アシニウシベツ、アシベツ、アシュシベツ、アシリベツ、アシリペッ、ハシウシュペッ、ハシスベツ、ハシベツ等々、数多くありました。山田秀三は『北海道の地名』（１９８４）で、清田の元の地名のアシリベツの語源について「アシリ・ペッ（ashir-pet　新しい・川）にちがいないと」としたうえで、付近では時々川筋が変わったので、新しくできた方の川をアシリペッといい、それが地名として使われてきたのであろうと推測しています。

一方、「あつべつ」は成立までの経緯がやや複雑です。『北海道蝦夷語地名解』（１８９１）には「ポン　ハシ　ウシュ　ペッ　雑樹ノ小川　又楚川トモ訳ス今人厚別《アッベツ》ト云フハ非ナリ」とあります。当時、広

1880年〈明治13〉頃撮影の厚別〈アシリベツ〉の滝
（北海道大学附属図書館所蔵）

まっていた「あつべつ」の読みを明確に間違いと指摘しています。

これを受けて山田秀三は、川の名がハシュシペッ（hash-ush-pet 柴木・群生する・川）、あるいは略してハシ・ペッ（hash-pet 雑樹・川）と呼ばれ、hの音が落ちてアシュシペッ、アシペッとも呼ばれていたと説明。「シ、チ、ツ」の音を混同しがちな和人の癖から、アシベツ、アチベツ、アツベツと呼ぶようになり、厚別の字が当てられたと推定しています。

さらに高倉新一郎、知里真志保らが監修した『北海道 駅名の起源』（１９５４、札幌鉄道管理局）では、「厚別駅（あつべつ） アイヌ語『アツ・ペッ』（おひょうだものある川）からでたのである」と解説しています。とはいえ語源は諸説あり、その由来は現在まで明確になっていません。

１８７３年（明治６）、現在の清田区内に月寒開拓団の一部が入植し、次第に戸数が増えて集落となる頃に、清田、北野、平岡、真栄の一帯がアシリベツと呼ばれるようになりました。１９１６年（大正５）の地形図には、今の清田付近にルビ付きの「厚別《アシリベツ》」の地名が記載されています。さらに44年（昭和19）の豊平町字名改正の記録には、廃止した旧字名として厚別、厚別北通、厚別南通、厚別川上、厚別焼山、厚別西山、北通厚別川、厚別上流、厚別機械場の地名があります。

今では清田区に厚別のつく町名は残っていませんが、厚別《あしりべつ》神社（平岡2条1丁目）、あしりべつ郷土館（清田1条2丁目）に加え、病院名に「あしりべつ」の名称が見られるほか、厚別川上流の南区にはアシリベツの滝もあります。地域の住民は、古くからの呼び名「アシリベツ」に今も深い愛着を持っています。

ちなみに現在のＪＲ厚別駅周辺は、入植が始まった１８８０年代、信州開墾地、信濃開墾地などと呼ばれ厚別の地名はありませんでした。しかし、94年に開業した函館本線の厚別駅は最初から「あつべつ」の読みが当てられました。利用客にわかりやすい読みを選択したのか、あるいは駅周辺地域の地名の読みが「あつべつ」だったからなのかは不明です。

１９０２年、白石村に二級町村制が施行された際に、厚別東部、厚別西部、厚別川下部が置かれ、この時、初めて行政地名になりました。さらに、89年に実施された白石区からの分区時には、区名を厚別区としています。現在の区内では厚別中央、厚別東、厚別西、厚別南、厚別北、厚別町山本、厚別町小野幌、厚別町上野幌、厚別町下野幌の９つの町名となっており、いずれも「あつべつ」と呼ばれています。

4　有明地区の原点、白旗山――公有地と有明

白旗山《しらはた》は、清田区有明にある標高３２１ｍの山です。数百万年前のものと考えられる白旗山溶岩と呼ばれる安山岩からできていて、眺望のいい山頂は平らで広く、登山やハイキングを楽しむ市民の姿が多くみられます。

山名は１８９０年(明治23)頃、有明の土地約２６６haが公有地(1)として篠路屯田兵村に給付された際、この山に白い旗を立てて測量の基点としたことに由来します。現在も山頂には三角点が置かれています。大正期に公有地は競売にかけられますが、その後も一帯は公有地と呼びならわされるようになりました。

１９１６年(大正5)の地形図には、現在の有明付近に公有地の地名があります。そして44年(昭和19)の豊平町の字名改正で、公有地の「有」の字に明朗闊達の「明」の字を加え、有明という新たな地名が定められました。有明小学校や有明神社も、かつては公有地小学校、公有地神社でした。公有地時代に始まるこの地の開拓の原点となったのが、白旗山なのです。

白旗山には西岡、真栄、有明などの登山コースがあり、西岡コース沿いの小川や湿地では多様な植物を観察できます。山麓の森林にはシラカバ、サクラ、コブシ、ミズナラなどが生育し、市が造林したカラマツ林も含めて白旗山都市環境林に指定されています。西側山麓には自然観察の森、北東側には札幌ふれあいの森が広がり、散策路が整備されているほか、冬季にはかんじきで散策できる

コースもあります。また、厚別川を挟んだ南東側には、有明の滝自然探勝の森があり、約7㎞の散策路では有明の滝（落差13ｍ）や有明小滝（落差5ｍ）などが見られます。

90年には白旗山競技場が整備され、北東斜面を中心に起伏に富んだ全長25㎞の国際スキー連盟公認ノルディック距離スキーのコースが完成しました。さらに、天然芝のサッカーコート2面も備えており、夏冬を通じて市民に活用されています。

5　街道の里程標・三里塚にちなむ――里塚

里塚は、清田区の東側の北広島市との境界に位置する一帯です。里塚、里塚緑ケ丘の町名があります。国道36号が通る古くからの街道沿いの集落で、元は三里塚という地名でした。

江戸末期の1857年（安政4）、松浦武四郎の進言を受けて箱館奉行所は銭函（小樽）から星置や島松、千歳を経て勇払に至る新道の開削を始め、2年ほどで完成。サッポロ越新道、千歳越新道と呼ばれました。札幌市内の創成橋（中央区南1条西1丁目）を起点に里程標を設置し、三里（約12㎞）の場所に三里塚の標柱が立てられ、一帯も三里塚と呼ばれるようになりました。旧国道36号沿いにある平岡南公園（平岡2条6丁目）の南側には、再建された碑と案内板が立っています。

1944年（昭和19）年の豊平町の字名改正で、なぜか「三」がとられて里塚《さとづか》になりました。16年（大正5）の地形図には、里塚2条6丁目付近に三里塚があり、少し北側に三里塚北通の記載もあります。また、札幌本道（現国道36号）がラウネナイ川と交差する現在の豊平区月寒東1条18丁目付近に二里

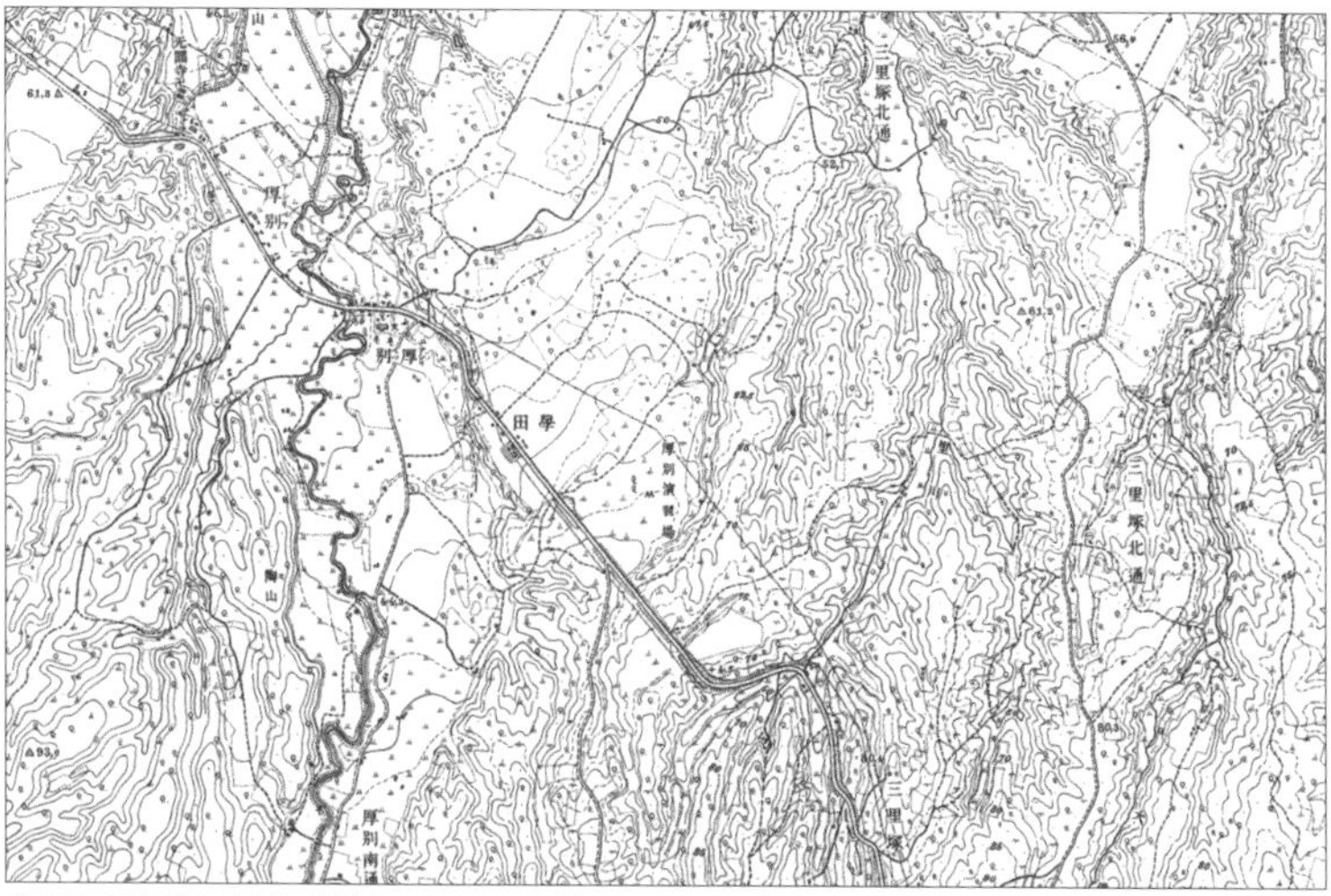

右下に三里塚の地名が見えるほか、東側にも三里塚北通の地名が
（出典：国土地理院発行２万５千分の１地形図「月寒」および「輪厚」〈1916年［大正５］測図〉）

【参考写真】1872年〈明治5〉撮影の里程標〈森村字無沢〉。函館－札幌間を結ぶ札幌本道沿いに設置され、「従是森村波戸場迄五里拾七町余」と記されている（北海道大学附属図書館所蔵、部分）

塚、その北側には二里塚北通の記載もあります。

さらに1950年の地形図になると、三里塚に加えて新たに里塚の地名が現在の里塚緑ケ丘あたりに見られます。今も三里塚小学校や三里塚神社、三里塚公園、厚別川に合流する三里川などに古い地名が残っています。

標高80mほどの月寒台地に位置する里塚は、かつて深い森に覆われた丘陵地でした。しかし、1875年(明治8)に月寒から入植者が移り住んだことから開拓が始まります。当初は炭焼きなどで生計を立てていましたが、次第に増えた開拓民たちはエンバクや豆類などの畑作を行うようになり、大正期にはリンゴの栽培も手掛けるようになります。第二次世界大戦後には、食糧増産のための緊急開拓により、1947、48年にかけて里塚東部農業開拓団が南里塚(現在の里塚霊園あたり)に入植。60年頃には畑作やリンゴ栽培のほか、三里川沿いで若干の稲作も行われていました。

65年に市営里塚霊園の造成が始まった頃から、次第に周辺の宅地化が進みました。日の丸団地や桂台団地が開発され、市営里塚団地の造成も始まります。さらに、里塚・真栄地区土地利用転換計画の策定により、東北部で緑ケ丘団地、南部では羊ケ丘通ニュータウンなどが開発されてゆきます。

その結果、92、93年にかけて新たな住宅街が形成された里塚の一部に「美しが丘」、続いて97年には「里塚緑ケ丘」の地名が生まれました。2023年1月時点で、里塚、里塚緑ケ丘、美しが丘の3地区では約3万1千人が暮らし、区全体の人口の4分の1以上を占めるようになっています。

その一方、18年9月6日の北海道胆振東部地震の際、大規模な宅地造成の弊害が明らかになりました。里塚1条1、2丁目の約4haで大規模な地盤の液状化現象が発生した結果、多くの住宅が全半壊し、道路や公園が陥没しました。付近は１９７８、79年頃に丘陵の尾根を削り、谷間の低い土地を埋めて宅地が造成されています。

この一帯は、元は三里川の流路にあたる谷底部で地下水位も高く、土壌は支笏火砕流堆積物の砂質土だったため、液状化現象が起こりやすい条件が重なっていました。その後、復旧のための液状化対策として、薬液の注入や暗渠排水管の設置、砕石埋設などの工事が行われました。また、美しが丘の一部でも同様の被害が発生しており、大規模な土地開発への警鐘となっています。

【5章　註】

＊1　公有地　明治期に入植した屯田兵に当初給付された耕地が狭く、不満が生じたことから、政府は各地の屯田兵村に広大な土地を公有財産として追加給付しました。しかし、必ずしも兵村の近隣にある土地ではないため、不便な遠隔地の場合は開墾されないまま放置されることも少なくありませんでした。

札幌地名総覧

この地名総覧は、関秀志編著『増補改訂版 札幌の地名がわかる本』(亜璃西社、2022年) に掲載の「地図に見る札幌の地名」(山内正明作成、関秀志監修) をベースに、追加採録した札幌の地名を加筆し、内容を整えたものです。

地名の採録作業は、18世紀以降 (江戸中期以降) の古地図、官製の地形図 (陸地測量部および国土地理院作成)、市販地図、文献等に掲載された地図などから、数年をかけてアトランダムに収集を進めました。そのため、残念ながら地名を採録した地図が初版か否かなど、出典の詳細は確認できていません。

この総覧に掲載したのは、町村名や字地名などの行政地名や山岳、河川などの自然地名、官公署、学校、公園、寺社などの名称、駅名や停留所名、通り名、橋梁名などの交通地名、さらに工場や農場、商業施設などの産業地名も代表的なものを採録しました。中でも小学校の校名は、地区名や町内会名に使われることも多いため、地図に記載がない場合も採録しました。いずれも、その時々の市民にとって大切な地理情報であったと考えるからです。

種々の文献や資料、新聞、雑誌、Webサイトの情報などから採録した地名には、興味深いものが少なくありません。特に通称や愛称は、時代の様子を知る大切な手掛かりになります。最も新しい採録地名「ヒロシ前」(正式名:HILOSHI、札幌地下街ポールタウン北側入口横) は、電子看板の愛称にちなむもので、すでに市民の待ち合わせ場所として定着した名称と判断しました。

このように、これからも新しい地名は次々と生まれてくるでしょうし、やがて消えていく地名もあるでしょう。そして、この総覧に収録されていない地名も、まだまだあるはずです。これから新しく生まれる地名も含めて、多くの読者に参加いただき、この地名総覧に新たな地名を加筆してもらうことで、より充実したリストに更新してもらえれば、これにまさる喜びはありません。

凡　例

1. 地名は読みをひらがなで表記し、五十音順に並べました。沢 (サワ・ザワ)、川 (カワ・ガワ)、通り (トウリ・トオリ・ドオリ)、町 (マチ・チョウ) など判断の難しいものは、そのいずれか、もしくは両方を記載しました。
2. 現行行政地名には、末尾に*印を付しました。
3. 地図や文献に誤記されたと思われる地名についても、すべてそのままの表記で採録しました。
4. 河川や山岳など複数の区にまたがる地名については、主要な区名のみ記載しました。また橋梁名については、所在地左岸の区名を採用しました。
5. アイヌ語地名の場合、同一地名に複数種の記載が見られるため、すべてを採録しました。また、閉音節を持つアイヌ語地名については、小書き片仮名で表記しましたが、読みのひらがなは一部小書きをせずに表記しました。

◆地名採録地図・文献一覧

【採 録 地 図】

1 「飛騨屋久兵衛石狩山伐木図（仮称）」（宝暦年代／岐阜県歴史資料館寄託「武川久兵衛家文書」）
2 「蝦夷国全図」（天明5年、林子平作／北海道大学附属図書館蔵）
3 「松前嶋絵図」（文化3年、岡部牧太作／北海道大学附属図書館蔵）
4 「松前蝦夷地嶋圖一」（文化5年・文化13年、村山直之写／北海道大学附属図書館蔵）
5 「高橋蝦夷図」（文政9年、高橋景保作／国立国会図書館蔵）
6 「松前島郷帳」（天保5年、松前藩／北海道大学附属図書館蔵）
7 「松浦武四郎「東西蝦夷山川地理取調圖 五・十」（安政6年／北海道大学附属図書館蔵）
8 「西蝦夷地石狩場所絵図」（江戸末期／北海道大学附属図書館蔵）※山田秀三写筆図（『札幌のアイヌ地名を尋ねて』〈昭和40年、楡書房〉）より
9 「西蝦夷地石狩川漁場図」（江戸末期／江差町増田家蔵）
10 「蝦夷海岸山道絵図（成立年不詳／北海道大学北方資料室蔵）
11 「石狩大府図」（明治2～3年／北海道大学附属図書館蔵）
12 札幌史學會『札幌沿革史』（明治30年、秀英舎）掲載「明治四年及五年札幌市街之圖」（明治4～5年）
13 「北海道札幌之圖」（明治6年、開拓使測量課／北海道大学附属図書館蔵）
14 「石狩川実地検測図」（明治5年、高畑利宜作）
15 「北海道石狩州札幌地形見取圖」（明治6年、船越長善作、福穂堂）
16 「札縨郡西部圖」（明治6年、飯島矩道・船越長善作／北海道立図書館蔵）
17 「北海道札幌之圖」（明治6年、開拓使測量課／北海道大学附属図書館蔵）
18 「本府図」（明治7年／北海道大学附属図書館蔵）
19 「月寒白石村附近図」（明治初期、大村耕太郎作〈大正6年借写〉／北海道大学附属図書館蔵）
20 「明治二巳歳十一月迄札縨之圖」（明治2年頃、高見沢権之丞作／北海道大学附属図書館蔵）
21 「札幌市街圖」（明治8年／『北海道史』〈大正7年、北海道〉）
22 「北海道札幌之圖」（明治11年・明治14年加筆、開拓使地理課／北海道大学附属図書館蔵）
23 「札幌市街之圖」（明治22年製図、北海道廰第二部編纂〈写者：望月学、彫刻兼印刷：松島東一郎〉／関秀志蔵）
24 「札幌市街之圖」（明治24年、発行所不明）
25 「20万分の1実測切図 札幌」（明治26年、北海道庁）
26 輯製20万分の1「札幌圖」（明治27年、輯製／陸地測量部）
27 北海道假製五万分の一圖「札幌」（明治29年、陸地測量部）
28 北海道假製五万分の一圖「江別」（明治29年、陸地測量部）
29 北海道假製五万分の一圖「錢函」（明治29年、陸地測量部）
30 北海道假製五万分の一圖「平岸」（明治29年、陸地測量部）
31 北海道假製五万分の一圖「札幌岳」（明治29年、陸地測量部）
32 北海道假製五万分の一圖「石狩」（明治29年、陸地測量部）
33 自治堂「札幌市街之圖」（明治34年、北海石版印刷所）
34 北海道假製五万分の一圖「錢函」（明治42年部分修正版、陸地測量部）
35 「札幌區全図札幌区統計一班」（大正2年／北海道大学附属図書館蔵）
36 「札幌支庁管内案内図」（大正4年／札幌市教育委員会蔵）
37 「札幌市街圖札幌支庁管内案内図附図」（大正4年／札幌市教育委員会蔵）
38 2万5千分の1地形図「銭函」（大正5年測図、陸地測量部）
39 2万5千分の1地形図「茨戸」（大正5年測図、陸地測量部）
40 2万5千分の1地形図「丘珠」（大正5年測図、陸地測量部）

41　2万5千分の1地形図「札幌」(大正5年測図、陸地測量部)
42　2万5千分の1地形図「月寒」(大正5年測図、陸地測量部)
43　2万5千分の1地形図「野幌」(大正5年測図、陸地測量部)
44　2万5千分の1地形図「石山」(大正5年測図、陸地測量部)
45　2万5千分の1地形図「輪厚」(大正5年測図、陸地測量部)
46　5万分の1地形図「札幌」(大正5年測図、陸地測量部)
47　「大正五年札幌市街図」(大正5年／北海道大学附属図書館蔵)
48　5万分の1地形図「定山渓」(大正6年測図、陸地測量部)
49　5万分の1地形図「石山」(大正6年測図、陸地測量部)
50　「札幌大地図」(大正7年／北海道大学附属図書館蔵)
51　「白石村全図」(大正10年頃／『白石村誌』〈大正10年、白石村〉)
52　「札幌市街之圖」(大正10年、北海道庁)
53　「札幌市街之圖」(大正13年、『北海道札幌郡藻岩村勢一班』〈大正15年、藻岩村役場〉／札幌市教育委員会蔵)
54　「藻岩村全圖」(大正13年／北海道大学附属図書館蔵)
55　「最新札幌市全圖」(大正14年、維新堂書房)
56　20万分の1地勢図「札幌」(大正15年測量、昭和7年鉄道補入、陸地測量部)
57　「札幌市地圖」(大正15年／北海道大学附属図書館蔵)
58　「新しい札幌市の地圖」(大正15年、富貴堂書房／北海道立図書館蔵)
59　「琴似村全圖」(大正15年頃、『札幌郡琴似村村勢一班』〈大正15年、琴似村〉／北海道立図書館蔵)
60　「平岸図(奥内雄幸調査図)」(昭和初期、札幌市教育委員会編『札幌歴史地図 昭和編(さっぽろ文庫別冊)』〈昭和56年、札幌市教育委員会編〉)
61　「札幌市地圖」(昭和2年、札幌市教育委員会編『札幌歴史地図 昭和編(さっぽろ文庫別冊)』〈昭和56年、札幌市〉)
62　「最新札幌市地圖」(昭和5年、北海道旅行案内社／札幌市教育委員会蔵)
63　「札幌市及附近之圖 札幌市勢一覧 昭和6年版」(昭和6年、札幌市役所)
64　「札幌郡手稲村(大字三村時代)地図」(昭和8年、手稲村／札幌市教育委員会蔵)
65　「琴似村全圖」(昭和9年、『新川郷土史』〈昭和55年、新川郷土史編纂委員会〉)
66　5万分の1地形図「札幌」(昭和10年修正測図、陸地測量部)
67　2万5千分の1地形図「札幌」(昭和10年修正測図、陸地測量部)
68　5万分の1地形図「石山」(昭和10年修正測図、陸地測量部)
69　「札幌市地圖」(昭和11年頃、『日本地図選集 札幌全圖』〈昭和11年、人文社〉)
70　「藻岩村市街図」(昭和11年頃／北海道立図書館蔵)
71　20万分の1地勢図(昭和16年修正測量、陸地測量部)
72　5万分の1地形図「札幌」(昭和22年資料修正、国土地理院)
73　2万5千分の1地形図「銭函」(昭和25年修正測量、国土地理院)
74　2万5千分の1地形図「茨戸」(昭和25年修正測量、国土地理院)
75　2万5千分の1地形図「丘珠」(昭和25年修正測量、国土地理院)
76　2万5千分の1地形図「札幌」(昭和27年資料測量、国土地理院)
77　2万5千分の1地形図「月寒」(昭和25年修正測量、国土地理院)
78　2万5千分の1地形図「野幌」(昭和27年資料修正、国土地理院)
79　2万5千分の1地形図「清田」(昭和25年修正測量、国土地理院)
80　2万5千分の1地形図「石山」(昭和25年修正測量、国土地理院)
81　2万5千分の1地形図「定山渓」(昭和30年測図、国土地理院)
82　「札幌市地図」(昭和26年、中央文化企業／札幌市教育委員会蔵)
83　5万分の1地形図「札幌」(昭和27年資料修正、国土地理院)

(3)

84 5万分の1地形図「石切山」(昭和10年修正測量、国土地理院)
85 5万分の1地形図「札幌岳」(昭和30年資料修正、国土地理院)
86 2万5千分の1地形図「札幌」(昭和27年資料修正、国土地理院)
87 「豊平町一般図」(昭和33年、豊平町)
88 5万分の1地形図「札幌」(昭和35年修正測量、国土地理院)
89 5万分の1地形図「定山渓」(昭和42年編集、国土地理院)
90 「最新札幌市街地図 札幌市管内図」(昭和42年、札幌地勢堂)
91 5万分の1地形図「札幌」(昭和43年編集、国土地理院)
92 5万分の1地形図「石山」(昭和43年編集、国土地理院)
93 1万5千分の1都市機能図「札幌」(昭和46年版 国土地理院)
94 2万5千分の1地形図「銭函」(昭和51年第2回改測、国土地理院)
95 2万5千分の1地形図「手稲山」(昭和51年改測、国土地理院)
96 2万5千分の1地形図「札幌北部」(昭和51年第3回改測、国土地理院)
97 2万5千分の1地形図「札幌東北部」(昭和50年第3回改測、国土地理院)
98 2万5千分の1地形図「札幌」(昭和50年第3回改測、国土地理院)
99 2万5千分の1地形図「石山」(昭和50年第3回改測、国土地理院)
100 2万5千分の1地形図「札幌東部」(昭和50年第3回改測、国土地理院)
101 2万5千分の1地形図「清田」(昭和50年第３回改測、国土地理院)
102 「エアリアマップ札幌市」(昭和50年、昭文社)
103 2万5千分の1土地利用図「札幌」(昭和50年第3回改測、国土地理院)
104 「札幌市交通規制図(昭和58年／1：25000)」(昭和58年、北海道警察本部交通部大報)
105 2万5千分の1地形図「銭函」(平成2年修正測量、国土地理院)
106 2万5千分の1地形図「手稲山」(平成2年修正測量、国土地理院)
107 2万5千分の1地形図「清田」(平成2年修正測量、国土地理院)
108 2万5千分の1地形図「石山」(平成3年修正測量、国土地理院)
109 5万分の1地形図「定山渓」(平成3年修正測量、国土地理院)
110 2万5千分の1地形図「札幌北部」(平成４年要部修正測量、国土地理院)
111 2万5千分の1地形図「札幌東北部」(平成4年要部修正測量、国土地理院)
112 2万5千分の1地形図「札幌」(平成4年修正測量、国土地理院)
113 2万5千分の1地形図「札幌東部」(平成4年要部修正測量、国土地理院)
114 20万分の１地勢図「札幌」(平成5年要部修正測量、国土地理院)
115 2万5千分の1地形図「野幌」(平成13年修正測量、国土地理院)
116 「札幌小樽道路地図」(平成14年、昭文社)
117 「東区ガイド」(平成15年、札幌市東区市民部総務企画課広聴係)
118 20万分の1地勢図「札幌」(平成18年編集、国土地理院)
119 2万5千分の1地形図「銭函」(平成18年更新、国土地理院)
120 2万5千分の1地形図「札幌東北部」(平成18年更新、国土地理院)
121 2万5千分の1地形図「札幌東部」(平成18年調整、国土地理院)
122 2万5千分の1地形図「札幌北部」(平成18年調整、国土地理院)
123 2万5千分の1地形図「札幌」(平成18年更新、国土地理院)
124 2万5千分の1地形図「無意根山」(平成18年更新、国土地理院)
125 5万分の1地形図「銭函」(平成20年修正測量、国土地理院)
126 5万分の1地形図「札幌」(平成20年修正測量、国土地理院)
127 「なまら便利なバスマップ」(平成21年、北海道環境財団)
128 「マックスマップル１ 北海道道路地図」(平成22年、昭文社)
129 2万5千分の1地形図「札幌」(平成27年調整、国土地理院)

130　2万5千分の1地形図「石山」(平成27年調整、国土地理院)
131　2万5千分の1地形図「定山渓」(平成28年調整、国土地理院)
132　2万5千分の1地形図「清田」(平成28年調整、国土地理院)
133　2万5千分の1地形図「札幌北部」(平成28年調整、国土地理院)
134　「中央バス路線図 北地区版および南地区版」(平成29年、北海道中央バス)
135　「街の達人 札幌便利情報地図」(令和2年、昭文社)

【採 録 文 献】

136　『津軽一統誌』(享保16年／北海道立図書館蔵)
137　遠山金四郎『遠山金四郎家日記（文化3年）』(平成19年、岩田書院史料叢刊1)
138　松浦武四郎『西蝦夷日記』(文化7年／北海道立図書館蔵)
139　村垣佐太夫『遠山村垣西蝦夷日記 遠山金四郎』(天保3年頃／国立国会図書館蔵)
140　『松前島郷帳』(天保5年／国立公文書館蔵)
141　松浦武四郎『丁巳東西蝦夷山川地理取調日誌』〈安政4～5年〉(復刻版〈昭和57年、北海道出版企画センター〉)／『竹四郎廻浦日記』〈安政3年〉(復刻版〈平成13年、北海道出版企画センター〉)／『丁巳日誌』〈安政6年〉掲載「石狩日誌」〈安政4年〉(復刻版〈平成13年、北海道出版企画センター〉)
142　松浦武四郎『戊午作発呂留知志日誌』(安政5年／松浦武四郎記念館蔵)
143　「松前家家臣支配所持名前」(年代不詳／東京大学史料編纂所蔵)
144　松浦武四郎「郡名之儀に付申上候書付」(明治2年／北海道大学附属図書館蔵)
145　林顯三『北海紀行』(明治7年、如蘭堂)
146　永田方正『北海道蝦夷語地名解』(明治24年、北海道庁)
147　Ｊ．バチェラー著、狩野時二訳『アイヌ英和辭書』掲載「第5章第2節 アイヌ地名考」(明治24年、北海道庁)
148　札幌史學會『札幌沿革史』(明治30年、秀英舎)
149　佐々木鐵之助『最近之札幌』(明治42年、札幌実業新報社)
150　『札幌區史』(明治44年、札幌区)
151　磯部精一『北海道地名解』(大正7年、富貴堂)
152　Ｊ．バチェラー「The pit dwellers of Hokkaido and Ainu placename’s considered」(大正14年)
153　Ｊ．バチェラー「アイヌ語より観たる日本地名研究」(昭和4年)
154　大塚高俊『大札幌案内』(昭和6年、近世社)
155　札幌市史編集委員会編『札幌市史 政治行政篇』(昭和28年、札幌市)掲載「札幌扇状地古河川図」
156　森田俊光他『北海道 駅名の起源 昭和29年版』(昭和29年、日本国有鉄道)
157　札幌狸小路発展史編纂委員会編『札幌狸小路発達史』(昭和30年、札幌狸小路商店街商業協同組合)
158　北海道自治行政協会編『篠路村史』(昭和30年、篠路村)
159　札幌市史編集委員会編『琴似町史』(昭和31年、札幌市)
160　山田秀三『札幌のアイヌ地名を尋ねて』(昭和40年、楡書房)
161　豊平町史編纂会編『豊平町史 補遺』(昭和42年、札幌市)
162　脇哲『物語・薄野百年史』(昭和45年、すすきのタイムス社)
163　札幌市南区総務部総務課編『わたしたちの南区』(昭和50年、札幌市南区役所)
164　山鼻百年記念誌編纂委員会編『さっぽろ山鼻百年』(昭和52年、山鼻記念碑保存資産)
165　郷土史真駒内編集委員会編『郷土史真駒内』(昭和52年、郷土史真駒内編集委員会)
166　札幌市教育委員会編『札幌地名考（さっぽろ文庫１）』(昭和52年、北海道新聞社)
167　堀淳一編『日本の古地図15 札幌』(昭和52年、講談社)

168　久保隆義編『屯田九十年史』(昭和53年、屯田開基九十周年協賛会)
169　札幌市白石区老人クラブ連合会編集委員会編『白石歴史ものがたり』(昭和53年、同編集委員会)
170　札幌市教育委員会編『札幌の駅(さっぽろ文庫11)』(昭和54年、北海道新聞社)
171　札幌市教育委員会編『藻岩・円山(さっぽろ文庫12)』(昭和55年、北海道新聞社)
172　斎藤全編著『新川郷土史』(昭和55年、新川郷土史編纂委員会)
173　札幌市教育委員会編『札幌歴史地図 大正編(さっぽろ文庫別冊)』(昭和55年、札幌市)
174　久保隆義編『拓北百年史』(昭和55年、篠路拓北土地改良区)
175　澤田誠一編『平岸百拾年』(昭和56年、平岸百拾年記念協賛会)
176　『手稲の今昔 手稲開基110年誌』(昭和56年、手稲連合町内会連絡協議会)
177　札幌市教育委員会編『札幌の自然(さっぽろ文庫20)』(昭和57年、北海道新聞社)
178　『南区のあゆみ 区制十周年記念』(昭和57年、札幌市南区役所総務部総務課)
179　札幌市教育委員会編『市電物語(さっぽろ文庫22)』(昭和57年、北海道新聞社)
180　札幌市教育委員会編『札幌と水(さっぽろ文庫24)』(昭和57年、北海道新聞社)
181　更科源蔵『アイヌ語地名解(更科源蔵アイヌ関係著作集6)』(昭和57年、みやま書房)
182　「角川日本地名大辞典」編纂委員会編『角川日本地名大辞典 北海道(上・下)』(昭和62年、角川書店)
183　簾舞開基110年記念事業実行委員会『郷土誌 みすまい』(昭和59年、西本実夫)
184　藤野地区開基百年記念誌編集部編『風雪百年 藤野地区開基百年記念誌』(昭和59年、藤野地区開基百年記念事業協賛会)
185　山田秀三『北海道の地名』(昭和59年、北海道新聞社)
186　札幌市教育委員会編『大通公園(さっぽろ文庫32)』(昭和60年、北海道新聞社)
187　新琴似百年史編纂委員会編『新琴似百年史』(昭和61年、新琴似開基百年記念協賛会)
188　札幌市教育委員会編『札幌の寺社(さっぽろ文庫39)』(昭和61年、北海道新聞社)
189　札幌地理サークル編『ウォッチング札幌 地図に映る150万都市』(昭和62年、北海タイムス社)
190　札幌市教育委員会編『川の風景(さっぽろ文庫44)』(昭和63年、北海道新聞社)
191　岡部三郎『札幌の自然 地学編』(昭和62年、富士書院)
192　山崎長吉『中島公園百年 さっぽろ歴史散歩』(昭和63年、北海タイムス社)
193　札幌市教育委員会編『札幌の山々 (さっぽろ文庫48)』(平成元年、北海道新聞社)
194　札幌市教育委員会編『札幌の通り(さっぽろ文庫58)』(平成3年、北海道新聞社)
195　札幌市教育委員会編『定山渓温泉(さっぽろ文庫59)』(平成3年、北海道新聞社)
196　「丘珠百二十年史」編纂委員会編『丘珠百二十年史』(平成3年、丘珠開基百二十周年記念事業協賛会)
197　山谷正『さっぽろ歴史なんでも探見』(平成5年、北海道新聞社)
198　堀淳一『地図の中の札幌』(平成24年、亜璃西社)
199　「各区橋梁一覧表」(平成25年、札幌市)
200　「札幌市内におけるトンネルの状況」(平成25年、札幌市)
201　「札幌市の河川分類」(平成29年、札幌市)
202　「札幌市の都市交通データ 都市計画道路一覧」(平成30年、札幌市)
203　札幌市公園緑化協会「公園一覧」(平成30年)
204　関秀志編著『札幌の地名がわかる本 増補改訂版』(令和4年、亜璃西社)
205　札幌原人(小川高人)「札幌古地名考」(昭和51年～平成7年、一般社団法人北海道建築士会「札幌支部だより「街」連載)

☆は通称、伝承、小中学校名、連合町内会名など、上掲以外の新聞・雑誌等から採集したもの

◆札幌地名総覧

【あ】

あいすありーな　アイスアリーナ　南　165
あいのさと　あいの里(1〜4条1〜10丁目)*　北　111
あいのさとえきまえりょくどう　あいの里駅前緑道　北　202
あいのさとがくえんとおり　あいの里学園通　北　135
あいのさときたこうえん　あいの里北公園　北　203
あいのさときたこうえんとおり　あいの里北公園通　北　135
あいのさときたこうえんりょくどう　あいの里北公園緑道　北　202
あいのさときょういくだいえき　あいの里教育大(駅)　北　114
あいのさとこうえん　あいの里公園　北　120
あいのさとこうえんえき　あいの里公園(駅)　北　114
あいのさとこうえんとおり　あいの里公園通　北　135
あいのさとこうえんまえりょくどう　あいの里公園前緑道　北　135
あいのさとじゅんかんとおり　あいの里循環通　北　135
あいのさとせせらぎりょくどう　あいの里せせらぎ緑道　北　202
あいのさとちゅうおうとおり　あいの里中央通　北　135
あいのさとにし　あいの里西　北　☆
あいのさとにしこうえん　あいの里西公園　北　203
あいのさとにゅーたうん　あいの里ニュータウン　北　☆
あいのさとひがし　あいの里東　北　☆
あいのさとひがしこうえん　あいの里東公園　北　203
あいのさとひがしとおり　あいの里東通　北　135
あいのさとひがしりょくどう　あいの里東緑道　北　202
あいのさとふくいのもりりょくち　あいの里・福移の森緑地　北　203
あいのさとりょくどう　あいの里緑道　北　204
あおかんてい　青官邸　中央　164
あおば　青葉　厚別　☆
あおばだんち　青葉団地　厚別　135
あおばちゅうおうこうえん　青葉中央公園　厚別　121
あおばちょう　青葉町(1〜16丁目)*　厚別　100
あおばちょうちゅうおう　青葉町中央　厚別　134
あおばちょうにちょうめりょくち　青葉町2丁目緑地　厚別　203
あおばとおりばし　青葉通橋通　厚別　127
あおばひらおかとおり　青葉・平岡通　厚別　135
あおばりょくち　青葉緑地　厚別　203
あおもりしんたくのうじょう　青森信託農場　北　66
あおやぎはし　青柳ハシ　中央　33
あかいのうじょう　赤井農場　東　36
あかかんてい　赤官邸　中央　164
あかしあがわ　アカシア川　北　201
あかしやかいどう　アカシヤ街道　北　205
あかしやたうん　アカシヤタウン　北　102
あかしやだんち　アカシヤ団地　豊平　102
あかしやはいすい　アカシヤ排水　北　166
あかつきさいくりんぐばし　暁サイクリング橋　白石　199
あかはけ　アカハケ　豊平　175
あかぷら　アカプラ　中央　☆
あかぼがわ　赤坊川　北　135
あかれんがてらす　赤レンガテラス　中央　135
あかんぼうがわ　赤坊川　北　135
あかんぼがわ　アカンボ川　北　196
あきたばし　秋田橋　清田　204
あきのみち　あきのみち　清田　127
あけしの　明篠　中央　166
あけしの　暁野　中央　166
あけしのぼち　暁野墓地　中央　166
あけぼの　曙　中央　166
あけぼの　曙(1〜12条1〜5丁目)*　手稲　110
あけぼのく　曙区　中央　90
あけぼのぐち　曙口　手稲　127
あけぼのぐらうんど　曙グラウンド　中央　166
あけぼのしょうがっこう　曙小学校　中央　82
あけぼのちょう　曙町　南　92
あけぼのとおり　曙通　手稲　135
あけぼのにしりょくち　曙西緑地　手稲　203
あけぼのまち　曙町　南　166
あさはた　麻畑　南　166
あさはた　麻畠　南　☆
あさはた　麻畑村　南　166
あさひ　旭　豊平　☆
あさひがおか　旭ガ丘　中央　76
あさひがおか　旭ヶ丘(1〜6丁目)*　中央　82
あさひがおか　旭ヶ丘　手稲　176
あさひがおかこうこう　旭丘高校　中央　127
あさひがおかこうこうまえ　旭丘高校前　中央　90

あつべついなりこうえん　厚別いなり公園　厚別　203
あつべつえいぎょうしょまえ　厚別営業所前　厚別　127
あつべつがわ　厚別川　厚別他　56
あつべつがわうがんとおり　厚別川右岸通　厚別他　135
あつべつがわさがんとおり　厚別川左岸通　厚別他　135
あつべつかわしも　厚別川下　白石　204
あつべつがわりょくち　厚別川緑地　清田　203
あつべつかんせんとおり　厚別幹線通　厚別　134
あつべつきた　厚別北（1～6条1～5丁目）*　厚別　113
あつべつきたのもりりょくち　厚別北のもり緑地　厚別　203
あつべつきたわかばこうえん　厚別北若葉公園　厚別　203
あつべつく　厚別区　厚別　90
あつべつく　厚別区*　厚別　113
あつべつけいこうぎょうだんち　厚別軽工業団地　厚別　204
あつべつけいこうぎょうだんちきたりょくち　厚別軽工業団地北緑地　厚別　203
あつべつこうえん　厚別公園　厚別　113
あつべつこうえんいりぐち　厚別公園入口　厚別　127
あつべつこうこうまえ　厚別高校前　厚別　127
あつべつこうようだんち　厚別光陽団地　厚別　127
あつべつしつげん　厚別湿原　白石他　204
あつべつしんかわばし　厚別新川橋　厚別　102
あつべつせん　厚別線　厚別　102
あつべつたきのこうえんとおり　厚別・滝野公園通　厚別他　135
あつべつちゅうおう　厚別中央（1～5条1～6丁目）*　厚別　113
あつべつちゅうおうこうえん　厚別中央公園　厚別　203
あつべつちゅうおうとおり　厚別中央通　厚別　135
あつべつちゅうおうまちづくりせんたー　厚別中央まちづくりセンター　厚別　127
あつべつちょう　厚別町　厚別　198
あつべつちょうあさひまち　厚別町旭町　厚別　100
あつべつちょうかみのっぽろ　厚別町上野幌*　厚別　100
あつべつちょうかわしも　厚別町川下　厚別　100
あつべつちょうこのっぽろ　厚別町小野幌*　厚別　100
あつべつちょうしものっぽろ　厚別町下野幌*　厚別　100
あつべつちょうにし　厚別町西　厚別　166
あつべつちょうにしく　厚別町西区　厚別　182
あつべつちょうひがしく　厚別町東区　厚別　182
あつべつちょうひがしまち　厚別町東町*　厚別　100
あつべつちょうやまもと　厚別町山本*　厚別　100
あつべつていしゃばせん　厚別停車場線　厚別　194
あつべつていしゃばとおりせん　厚別停車場通　厚別　135
あつべつとおり　厚別通　厚別　135
あつべつななごうばし　厚別七号橋　厚別　111
あつべつにし　厚別西（1～5条1～6丁目）*　厚別　100
あつべつにしかわ　厚別西川　厚別　201
あつべつにしこうえん　厚別西公園　厚別　203
あつべつにしとおり　厚別西通　厚別　135
あつべつばし　厚別橋　厚別　100
あつべつひがし　厚別東（1～5条1～9丁目）*　厚別　100
あつべつひがしとおり　厚別東通　厚別　135
あつべつひがしまちとおり　厚別東町通　厚別　202
あつべつひがしりょくち　厚別東緑地　厚別　203
あつべつふくとしん　厚別副都心　厚別　194
あつべつぶと　厚別太　清田　26
あつべつへいわどおりいりぐち　厚別平和通入口　厚別　127
あつべつみなみ　厚別南（1～7丁目）*　厚別　☆
あつべつみなみこうえん　厚別南公園　厚別　135
あつべつみなみりょくち　厚別南緑地　厚別　203
あなさわ　穴沢　南　90
あなざわやま　穴沢山　南　166
あなちょうば　穴ちょう場　南　178
あなのがわ　アナノ川　南　16
あなのがわ　穴の川　南　108
あなのがわ　穴ノ川　南　36
あなのかわぐち　穴ノ川口　南　204
あなのかわじり　穴の川尻　南　166
あなのかわぞえ　穴の川沿　南　166
あなのがわちゅうおうりょくち　穴の川中央緑地　南　203
あなのがわほうすいろ　穴の川放水路　南　201
あなのがわりょくち　穴の川緑地　南　203
あなのさわ　穴ノ沢　南　30
あなのさわ　穴ノ澤　南　44
あなのさわがわ　穴の沢川　南　166
あなのさわかわぐち　穴の沢川口　南　166

【い】

【う】

【え】

【お】

おおやふち　大爺淵　南　56
おおやまづみじんじゃ　大山祇神社　中央　166
おかだかえん　岡田花園　中央　33
おかだのやま　岡田の山　南　184
おかたま　丘珠　東　25
おかだま　丘珠　東　66
おかだまかいどう　丘珠街道　東他　166
おかだまがわ　丘珠川　東　135
おかだまかわむかい　丘珠川向　東　196
おかだまくうこう　丘珠空港　東　97
おかだまくうこういりぐち　丘珠空港入口　東　127
おかだまくうこうせん　丘珠空港線　東　166
おかだまくうこうとおり　丘珠空港通　東　135
おかだまくうこうきた　丘珠空港北　東　127
おかだまくうこうりょくち　丘珠空港緑地　東　203
おかだまこうえん　丘珠公園　東　135
おかだまこうこう　丘珠高校　東　127
おかだまごごうがわ　丘珠5号川　東　201
おかだまごごうすいろいちごうぼっくすばし　丘珠5号水路1号ボックス橋　東　199
おかだまごごうすいろよんごうぼっくすばし　丘珠5号水路4号ボックス橋　東　199
おかだまさんごうすいろぼっくすばし　丘珠3号水路ボックス橋　北　199
おかだまじえいたい　丘珠自衛隊　東　90
おかだましょうがっこう　丘珠小学校　東　90
おかだまじんじゃ　丘珠神社　東　127
おかだません　丘珠線　東　102
おかだまちゅうおう　丘珠中央　東　90
おかだまちょう　丘珠町＊　東　88
おかだまてっこうだんち　丘珠鉄工団地　東　97
おかだまてっこうにしりょくち　丘珠鉄工西緑地　東　203
おかだまにごうがわ　丘珠2号川　東　201
おかだまにしきばし　丘珠錦橋　東　135
おかだまひこうじょう　丘珠飛行場　東　88
おかだまひがしとおり　丘珠東通　東　135
おかだまひばりこうえん　丘珠ひばり公園　東　203
おかだまふじきがわ　丘珠藤木川　東　135
おかたまむら　丘珠村　東　146
おかだまむら　丘珠村　東　16
おかだまゆたかりょくち　丘珠ゆたか緑地　東　203
おかだまりょくちこうえん　丘珠緑地公園　東　127
おかだやま　岡田山　中央　192
おかばし　岡橋　中央　205
おかぱるし　オカパルシ　南　146
おかぱるしえん　オカパルシ園　南　166
おかはるしがわ　オカハルシ川　南　183
おかぱるしがわ　オカパルシ川　南　166
おかばるしがわ　オカバルシ川　南　36
おかばるしかわかみ　オカバルシ川上　南　204
おかばるしかわぞえ　オカバルシ川沿　南　204
おかばるしがわりょくち　オカバルシ川緑地　南　203
おかばろしがわ　オカバロシ川　南　1
おかべばし　岡部橋　清田　204
おがわ　小川　白石　42
おがわ　小川　南　31
おくかい たむ ちゃらぱ　オㇰカイ タㇺ チャラパ　東　146
おくさわばし　奥沢橋　南　199
おくさんかくやま　奥三角山　南　193
おくじょうざんけい　奥定山渓　南　183
おくちし　オㇰチシ　南　146
おくちょうしぐち　奥銚子口　南　183
おくていねのさわがわ　奥手稲の沢川　手稲　125
おくていねやま　奥手稲山　手稲　71
おくていねやまのいえ　奥手稲山の家　手稲　193
おくないきょうぎじょう　屋内競技場　南他　98
おくないきょうぎじょう　屋内競技場　西　122
おくないすけーとじょう　屋内スケート場　豊平　98
おくないひろば　屋内広場　西　122
おくまち　奥町　南　165
おくむいねごや　奥無意根小屋　南　190
おこえがかりのかしわ　御声懸りの槲　南　157
おしどりさわ　鴛鴦澤　南　48
おしどりさわかわ　オシドリ沢川　南　190
おしどりばし　鴛鴦橋　南　199
おしどりふち　オシドリ淵　南　90
おしまとおり　渡嶋通　中央　22
おしまひだかとおり　渡島日高通　中央　148
おしょういわ　和尚巌　南　154
おしょろとおり　忍路通　中央　166
おしょうし　オショウシ　豊平　160
おしよしがわ　オシヨシ川　豊平　160
おしょしがわ　オショシ川　豊平　204
おしよしがわ　お精進川　豊平　204
おすいしょりじょう　汚水処理場　東　97
おそうし　オソウシ　豊平　146
おそうしのたき　オソウシの滝　豊平　175
おたねはま　オタネ浜　小樽市　205
おだのやま　織田の山　南　183
おたるかいどう　小樽街道　中央　194
おたるじょうざんけいかんこうじどうしゃどうろ　小樽定山渓観光自動車道路　手稲　87
おたるじょうざんけいかんこうどうろ　小樽定山渓観光道路　手稲　☆

【か】

かもかもなかじま　鴨々中島　中央　166
かもつせんようせん　貨物専用線　白石　98
かやの　茅野　中央他　20
かやの　茅野　豊平　204
からさわ　唐沢　南　183
からさわ　空沢　南　183
からさわがわ　唐沢川　南　183
からさわがわ　空沢川　南　135
がらすてい　ガラス邸　中央　157
からぬまだけ　空沼岳　南　193
からふとだんち　樺太団地　北　☆
かりかんしゃ　假官舎　中央　164
かりかんてい　仮官邸　中央　21
かりき　雁来　東　185
かりき　雁木　東　148
かりきいんたーちぇんじ　雁来IC　東　111
かりきおおはし　雁来大橋　東　111
かりきかいどう　雁木街道　東　166
かりきかみ　雁木上　東　196
かりきがわ　雁来川　東　117
かりきがわどおり　雁来川通　東　200
かりきがわわかばりょくどう　雁来川わかば緑道　東　200
かりきこうえん　雁来公園　東　135
かりきさんごうどおり　雁来3号通　東　127
かりきしも　雁木下　東　196
かりきじゅうよんごうどおり　雁来14号通　東　127
かりきしんかわ　雁来新川　東　97
かりきじんじゃ　雁木神社　東　63
かりきしんどう　雁來新道　東　148
かりきちゅうおう　雁木中央　東　134
かりきちょう　雁来町*　東　90
かりきどうろ　雁木道路　東　166
かりきにごうどおり　雁来2号通　東　127
かりきにし　雁木西　東　134
かりきばいぱす　雁来バイパス　東　135
かりきばし　雁来橋　東　75
かりきひがし　雁木東　東　134
かりきふみきり　雁来踏切　東　90
かりきむら　雁來村　東　16
かりきむら　雁木村　東　174
かりちょう　仮廳　中央　15
がりてぃとおり　ガリティ通　南　165
かりほこうえん　雁穂公園　東　203
かりほさかえどおり　雁穂さかえ通　東　135
かりほみのりどおり　雁穂みのり通　東　135
かりほめぐみどおり　雁穂めぐみ通　東　202
かりほんじん　假本陣　中央　164
がるいしきどう　軽石軌道　手稲　198
がるいしばしゃきどう　軽石馬車軌道　手稲　198
がるいしばてつ　軽石馬鉄　手稲　59
かるがは　かるがは(駅)　手稲　27
がるがわ　ガルガワ　手稲　16
がるがわ　輕川　手稲　25
がるがわ　軽川　手稲　125
がるがわおんせん　輕川温泉　手稲　38
がるがわかいどう　軽川街道　手稲　166
がるがわこうせん　軽川鉱泉　手稲　173
がるがわざわ　輕川澤　手稲　38
がるがわせいゆじょ　輕川製油所　手稲　173
がるがわばし　軽川橋　手稲　173
がるがわひこうじょう　輕川飛行場　手稲　154
がるがわむら　輕川村　手稲　148
がるがわりょくち　軽川緑地　手稲　203
かるとう　カルトウ　北　7
かるべっと　カルベット　手稲　166
かれき　雁來　東　25
かれき　雁木　東　148
かれきしんどう　雁來新道　東　148
がろがわ　ガロガワ　手稲　16
かわきた　川北*　白石　100
かわきた　川北(1～5条1～3丁目)*　白石　100
かわきたにし　川北西　白石　134
かわきたばし　川北橋　白石　127
かわしも　川下*　白石　42
かわしも　川下(1～5条1～9丁目)*　白石　42
かわしもかいかんまえ　川下会館前　白石　127
かわしもきょうえい　川下共栄　白石　127
かわしもげんや　川下原野　厚別　90
かわしもこうえん　川下公園　白石　121
かわしもせん　川下線　白石　102
かわしもにし　川下西　白石　134
かわしもばし　川下橋　白石　135
かわせしょうてん　為替商店　中央　21
かわぞえ　川添　西　59
かわぞえ　川沿(1～18条1～5丁目)*　南　204
かわぞえおんせん　川沿温泉　南　180
かわぞえこうえん　川沿公園　南　135
かわぞえちょう　川沿町*　南　80
かわぞえどおり　川添通　西　135
かわぞえなかまち　川沿中町　南　102
かわぞえにし　川沿西　南　102
かわぞえにし　川添西　西　90
かわぞえにしせん　川沿西線　南　166
かわぞえひがし　川添東　西　90
かわばたごりょう　川端御料　南　☆

【き】

央　135
きたいちじょうゆうびんきょく　北一条郵便局　中央　52
きたいちばんとおり　北一番通　北　59
きたいばらきえき　北茨木駅　南　60
きたうら　北裏　豊平　166
きたえいぎょうしょ　北営業所　北　127
きたえーる　きたえーる　豊平　179
きたおおどおり　北大通　中央　179
きたおかだま　北丘珠（1～6条1～4丁目）*　東　111
きたおかだまだんち　北丘珠団地　東　127
きたかしわやま　北柏山　白石　127
きたかわしも　北川下　白石　134
きたく　北区*　北　90
きたくさかい　北区境　北　90
きたくじょうしょうがっこう　北九条小学校　北　50
きたくじょうじんじょうこうとうしょうがっこう　北九條尋常高等小学校　北　33
きたくちゅうおう　北区中央　北　90
きたくやくしょまえ　北区役所前　北　127
きたけいさつしょ　北警察署　東　82
きたごう　北郷*　白石　42
きたごう　北郷（1～9条1～14丁目）*　白石　42
きたごういんたーちぇんじ　北郷IC　白石　113
きたごうきたじゅうさんじょうとおり　北郷北十三条通　北　166
きたこうこう　北高校　中央　76
きたごうこうえん　北郷公園　白石　203
きたごうこうえんまえ　北郷公園前　白石　135
きたごうこうえんみなみとおり　北郷公園南通　白石　135
きたこうこうとおり　北高校通　中央　82
きたこうこうまえ　北高校前　北　127
きたごうごじょう　北郷五条　白石　113
きたごうせん　北郷線　白石　102
きたごうちゅうおうせん　北郷中央線　白石　166
きたこうとおり　北高通　北　90
きたごうとおり　北郷通　白石　202
きたごうにごうばし　北郷2号橋　白石　199
きたこうまえ　北高前　北　102
きたごうりょくどう　北郷緑道　白石　204
きたごじょうせん　北五条線　中央　194
きたごじょうていねせん　北五条手稲通　中央　135
きたごじょうとおり　北五条通　中央　90
きたごじょうにしじゅうななちょうめ　北5条西17丁目　中央　179
きたごじょうふみきり　北五條踏切　中央　63
きたごばんどおり　北5番通　北　204
きたごばんばし　北5番橋　北　127
きたさっぽろ　北札幌　北　166
きたざとばし　北里橋　白石　127
きたさんじゅうさんじょうりょくち　北33条緑地　東　203
きたさんじゅうにしきゅうちょうめこうえん　北三〇西九丁目公園　北　204
きたさんじゅうよじょうえき　きたさんじゅうよじょう（駅）　東　110
きたさんじゅうよじょうせん　北34条線　東　102
きたさんじょうせん　北三条線　中央　102
きたさんじょうとおり　北3条通　中央　135
きたさんじょうひろば　北3条広場　中央　135
きたさんじょうゆうびんきょく　北三条郵便局　中央　52
きたさんばんとおり　北三番通　北　59
きたさんばんとおりにし　北三番通西　北　204
きたさんばんとおりひがし　北三番通東　北　204
きたさんばんばし　北三番橋　北　127
きたじゅうさんじょうおおはし　北十三条大橋　東　112
きたじゅうさんじょうきたごうとおり　北十三条北郷通　白石　135
きたじゅうさんじょうひがしえき　北13条東駅　東　129
きたじゅうはちじょうえき　きたじゅうはちじょう（駅）　北　110
きたじゅうはちじょうとおり　北18条通　北他　135
きたしょうぼうしょ　北消防署　北　127
きたしりべしとおり　北後志通　中央　18
きたしろいし　北白石　白石　☆
きたしろいしがわ　北白石川　白石　111
きたしんかわ　北新川　北　90
きたぜいむじむしょ　北税務事務所　東　90
きたそうえんせん　北桑園線　中央　102
きたその　北園　東　☆
きたそのこうえん　北園公園　東　135
きたどおり　北通　豊平　204
きたとおりあつべつがわ　北通厚別川　清田　204
きたとおりにりづか　北通り二里塚　豊平　166
きたななじょうとおり　北七條通　中央　63
きたななじょうゆうびんきょく　北七條郵便局　中央　52
きたにじゅうよじょうえき　きたにじゅうよじょう（駅）　北　110
きたにじゅうよじょうさくらおおはし　北24条桜大橋　東　☆
きたにじゅうよじょうばし　北24条橋　北　199
きたにじょうとおり　北2条通　中央他　135

きたにばんとおり　北二番通　北　59
きたにばんばし　北二番橋　北　127
きたぬまのはた　北沼の端　東　134
きたの　北野（1～7条1～5丁目）*　清田　77
きたのさわ　北ノ沢*　南　76
きたのさわ　北ノ沢（1～9丁目）*　南　76
きたのさわ　北の沢　南　☆
きたのさわいちごうばし　北の沢1号橋　南　135
きたのさわおおはし　北ノ沢大橋　南　166
きたのさわかいかんまえ　北の沢会館前　南　127
きたのさわかみのはし　北の沢上の橋　南　199
きたのさわかわ　北の沢川　南　98
きたのさわこうえん　北ノ沢公園　南　135
きたのさわじょうすいじょう　北の沢浄水場　南　102
きたのさわすきーじょう　北ノ沢スキー場　南　165
きたのさわせん　北の沢線　南　102
きたのさわちゅうおう　北の沢中央　南　127
きたのさわにごうばし　北の沢2号橋　南　135
きたのさわばし　北の沢橋　南　199
きたのさわふたまた　北の沢二股　南　127
きたのせん　北野線　清田　102
きたのだい　北野台　清田　☆
きたのだいら　北野平　清田　☆
きたのたかくらりょくち　北野たかくら緑地　清田　203
きたのたーみなる　北野ターミナル　清田　102
きたのたーみなるせん　北野ターミナル線　清田　102
きたのだんち　北野団地　清田　166
きたのちゅうおう　北野中央　清田　102
きたのちゅうおうこうえん　北野中央公園　清田　203
きたのとおり　北野通　清田　135
きたのにしこうえん　北野西公園　清田　135
きたのばし　北野橋　清田　204
きたのふれあいこうえん　北野ふれあい公園　清田　135
きたのふれあいばし　北野ふれあい橋　清田　204
きたのりょくち　北野緑地　清田　203
きたはちけん　北八軒　西　90
きたはちじょうとおり　北8条通　東他　135
きたはちじょうななめとおり　北八条ナナメ通　東　194
きたはっさむ　北発寒　手稲　65
きたはっさむこうえん　北発寒公園　手稲　135
きたはっさむはいすい　北発寒排水　手稲　166
きたひがししろいし　北東白石　白石　☆
きたほけんじょ　北保健所　東　90
きたほろばし　北幌橋　北　199
きたまち　北町　白石　88
きたまるやま　北円山　中央　88
きたまるやまく　北円山区　中央　90
きたみょうぎ　北妙義　南　154
きたむらのうじょう　北村農場　白石　42
きたやまけい　北耶馬溪　南　69
きたやまはながわ　北山鼻川　中央　190
きたよじょうとおり　北4条通　中央　135
きたよんじゅうじょうひがしこうえん　北40条東公園　東　135
きたよんじゅうろくじょうとおり　北46条通　東　135
きたよんばんとおり　北四番通　北　59
きたよんばんばし　北四番橋　北　127
きたろくじょうえるむのさとこうえん　北6条エルムの里公園　中央　203
きつねこうじ　狐小路　中央　166
きとうしぬぷり　キトウシヌプリ　南　193
きとぅしゅぬぷり　キトゥシュヌプリ　南　146
きぼうこうえん　希望公園　東　135
きぼうばし　希望橋　南　199
きむうんくしゅめむ　キムウンクシュメム　中央　146
きむくしめむ　キムクシメム　中央　160
きむらまんぺいかいそうてん　木村万平回漕店　中央　21
きむんくしゅめむ　キムンクシュメム　中央　148
きもべつだけ　喜茂別岳　南　56
きもぺつだけ　キモペツ岳　南　31
ぎゃくすいもん　逆水門　北　168
きゃんぷくろふぉーど　キャンプクロフォード　南　166
きゅうあつべつがわ　旧厚別川　白石　190
きゅういしかりかいどう　旧石狩街道　北他　74
きゅうかやくこ　旧火薬庫　北　90
きゅうかりきしんかわ　旧雁来新川　東　135
きゅうがるがわ　旧軽川　手稲　190
きゅうがるがわばし　旧軽川橋　手稲　199
きゅうがるがわりょくち　旧軽川緑地　手稲　203
きゅうかわいちごうばし　旧川1号橋　北　199
ぎゅーげんとおり　ギューゲン通　南　165
きゅうごうあつかんばし　九号厚幹橋　白石　135
きゅうごうしんかわばし　九号新川橋　白石　135
きゅうごうななせんぼっくすばし　9号7線ボックス橋　白石　199
きゅうごうろくせんぼっくすばし　9号6線ボックス橋　白石　135
きゅうことにがわ　旧琴似川　東　120
きゅうことにがわほうすいろ　旧琴似川放水路　東　201
きゅうさっぽろがわ　舊札幌川　東　148
きゅうじゅうにけんがわ　旧十二軒川　中央　166

【く】

【け】

【こ】

【し】

しんことにぐりーんこうえん　新琴似グリーン公園　北　203
しんことにげんや　新琴似原野　北　187
しんことにことにていしゃばせん　新琴似琴似停車場線　北　166
しんことにじゅうじがい　新琴似十字街　北　90
しんことにしょうがっこう　新琴似小学校　北　90
しんことにじんじゃ　新琴似神社　北　135
しんことにせん　新琴似線　北　185
しんことにだいいちよことおり　新琴似第（1～6）横通　北　202
しんことにたく　新琴似宅　北　172
しんことにたーみなる　新琴似ターミナル　北　90
しんことにちゅうおう　新琴似中央　北　90
しんことにちゅうおうこうえん　新琴似中央公園　北　135
しんことにちゅうおうせん　新琴似中央線　北　102
しんことにちょう　新琴似町*　北　90
しんことにどおり　新琴似通　北　135
しんことにとんでん　新琴似屯田　北　25
しんことにとんでんどおり　新琴似・屯田通　北　202
しんことにとんでんへいそん　新琴似屯田兵村　北　198
しんことにとんでんへいそんこうゆうざいさんち　新琴似屯田兵村公有財産地　南　178
しんことににし　新琴似西　北　187
しんことににしこうえん　新琴似西公園　北　135
しんことににばんどおりこうえん　新琴似二番通公園　北　203
しんことにはたけ　新琴似畑　北　172
しんことにぼうふうりん　新琴似防風林　北　177
しんことにみどり　新琴似緑　北　☆
しんことにみなみ　新琴似南　北　☆
しんことにみなみいちばんどおり　新琴似南（1～6）番通　北　204
しんことにやすはるこうえん　新琴似安春公園　北　203
しんことによんばんばし　新琴似四番橋　北　135
しんごりょうばし　新御料橋　南　135
しんさっぽろ　しんさっぽろ（駅）　厚別　113
しんさっぽろえき　新札幌駅　厚別　170
しんさっぽろがわ　新札幌川　豊平他　148
しんさっぽろだんちせん　新札幌団地線　北　102
しんさっぽろひこうじょう　新札幌飛行場　北　198
しんさっぽろへんでんしょ　新札幌変電所　白石　87
しんさんりがわばし　新三里川橋　清田　135
しんしけことに　シンシケコトニ　中央　160
じんじゃがわ　神社川　中央　160
じんじゃどおり　神社通　中央　41
じんじゃのさわ　神社の沢　白石　173
じんじゃまえとおり　神社前通　中央　166
じんじゃやま　神社山　中央　135
じんじゃやますきーじょう　神社山スキー場　中央　166
しんしゅうかいこん　信州開墾　厚別　42
しんしゅうかいこんち　信州開墾地　厚別　204
しんじゅくとおり　新宿通　中央　162
じんじょうしはんがっこう　尋常師範学校　中央　148
しんしろいし　新白石　白石　16
しんしろいしむら　新白石村　白石　166
しんぜんこうじ　新善光寺　中央　23
しんたんようりんち　薪炭用林地　北　166
しんどう　新道　豊平他　17
しんとうげばし　新峠橋　南　199
しんどうひがしえき　しんどうひがし（駅）　東　110
しんとみおか　新富丘　手稲　127
しんとよばし　新豊橋　南　131
しんとよはただんち　新豊畑団地　東　135
しんとんでんどうろ　新屯田道路　西　148
しんながや　新長屋　中央　157
しんのしけことに　シンノシケコトニ　中央　141
しんのしけことに　シンノシケコトニ　中央　160
しんはっさむ　新発寒（1～7条1～11丁目）*　手稲　☆
しんはっさむあさひこうえん　新発寒朝日公園　手稲　203
しんはっさむさくらがわ　新発寒桜川　手稲　201
しんはっさむささぶねりょくち　新発寒ささ舟緑地　手稲　203
しんはっさむだいいち　新発寒第一　手稲　☆
しんはっさむどおり　新発寒通　手稲　202
しんはっさむわらび　新発寒わらび　手稲　☆
しんばんのさわばし　新盤の沢橋　南　130
しんびいちのむら　辛未一の村　中央　192
しんびいちのむら　辛未一の村　中央　164
しんほり　新堀　中央　204
しんみち　新道　北　187
じんむだけ　神武岳　南　82
しんもいわばし　新藻岩橋　南　98
しんゆうばりたんじむしょ　新夕張炭事務所　中央　33
しんよう　新陽　北　☆
しんようばし　真羊橋　清田　204
しんよこちょう　新横町　白石　166
しんりょう　新陵　手稲　☆
しんりょうひがし　新陵東　手稲　☆
しんりんこうえん　しんりんこうえん（駅）　厚別　198

【す】

すみかわうぇすと　澄川ウェスト　南　☆
すみかわきたりょくち　澄川北緑地　南　203
すみかわこうえん　澄川公園　南　135
すみかわぞい　清川沿　手稲　204
すみかわだんち　澄川団地　南　127
すみかわどう　澄川道　南　194
すみかわどおり　澄川通　南　135
すみかわなえぼせん　澄川苗穂線　南　102
すみかわにし　澄川西　南　☆
すみかわばし　澄川橋　南　135
すみかわはっちゃきこうえん　澄川はっちゃき公園　南　204
すみかわぼち　澄川墓地　豊平　175
すみかわみどりがおか　澄川緑ヶ丘　南　178
すみかわみなみ　澄川南　南　☆
すみすじょがっこう　スミス女学校　中央　24
すりばちやま　摺鉢山　南　146
するふ　スルフ　厚別　141
すわじんじゃ　諏訪神社　東　52

【せ】

せいえん　西園　西　☆
せいえんこうこう　星園高校　中央　82
せいかじょ　製革所　中央　157
せいかてい　清華亭　北　23
せいこうえん　清幌園　白石　127
せいこうかい　聖公會　中央　33
せいさんきょく　生産局　中央　15
せいしがくいん　整肢学院　西　88
せいしじょ　製糸所　中央　21
せいしじょう　製絲場　中央　33
せいしじょう　製紙場　中央　164
せいしゅうがくえん　静修学園　中央　90
せいしゅうがくえんまえ　静修学園前　中央　90
せいしゅうこうこう　静修高校　中央　82
せいしゅうこうこうまえななめとおり　静修高校前ナナメ通　中央　194
せいしゅうたんだい　静修短大　清田　100
せいしゅうちゅうがっこう　静修中学校　中央　82
せいじゅえんだんち　青珠苑団地　東　102
せいしょうねんかいかん　青少年会館　南　107
せいしょうねんかいかんまえ　青少年会館前　南　127
せいしょうねんかがくかん　青少年科学館　厚別　121
せいしんいけ　清心池　東　135
せいしんがくいんまえ　聖心学院前　中央　102
せいせんこうじょう　製線工場　北　39
せいせんじょ　製線所　北　187
せいそうこうじょう　清掃工場　西他　96
せいとうこうじょう　製糖工場　中央　198
せいなんせん　西南線　南　194
せいばくしょ　精麦所　東　41
せいぶ　西部　手稲　204
せいぶ　西部　厚別　204
せいぶつしょ　製物所　中央　21
せいふんがいしゃ　製粉会社　中央　47
せいふんじょ　製粉所　中央　164
せいふんじょう　製粉場　中央　23
せいまいかいしゃ　精米會社　中央　33
せいまがいしゃ　製麻會社　北　24
せいまがいしゃけんせつようち　製麻會社建設用地　東　23
せいまがいしゃこうじょう　製麻會社工場　北　47
ぜいむかんとくきょく　税務監督局　中央　33
ぜいむけんしゅうじょ　税務研修所　西　96
ぜいむしょ　税務署　中央　33
ぜいむしょかんとくきょく　税務署監督局　中央　47
ぜいむしょかんりきょく　税務署管理局　中央　33
ぜいむだいがっこうさっぽろけんしゅうじょ　税務大学校札幌研修所　西　133
ぜいむだいがっこうまえ　税務大学校前　西　127
せいもうじょ　製網所　東　164
せいもうじょう　製網場　東　23
せいやくこうじょう　製薬工場　西　74
せいゆうかいしぶ　政友會支部　中央　33
せいゆじょ　製油所　中央　157
せいゆじょ　製油所　手稲　38
せいようづくりまちや　西洋造町屋　中央　21
せいようまちながや　西洋町長屋　中央　157
せいりゅうのたき　精竜の滝　手稲　166
せいりょう　西陵　西　☆
せいりょういん　精療院　豊平　76
せいりょういん　静療院　豊平　87
せいりょうえんだんちまえ　静涼苑団地前　南　127
せいりょうりんりんばし　西陵リンリン橋　西　135
せいれんじょ　精錬所　南　48
せいろう　セイロウ　中央　146
せきじゅうじしゃかりびょういん　赤十字社仮病院　中央　47
せきじゅうじしゃしぶ　赤十字社支部　中央　33
せきすいはいむあいすありーな　セキスイハイムアイスアリーナ　南　135
せきすいはいむすたじあむ　セキスイハイムスタジアム　南　135
せきたんきょく　石炭局　中央　82

せきゆかいしゃ　石油会社　手稲　64
ぜっとらいん　Zライン　東区他　194
ぜにばこかいどう　銭函街道　中央他　23
ぜにばことうげ　銭函峠　手稲　90
ぜにばこどお　銭箱道　中央　20
ぜにばことおり　銭函通　中央　24
せよゆんへつ　セヨユンヘツ　中央　141
せろをんへつ　セロヲンヘツ　中央　141
せろんへつ　セロンヘツ　中央　15
せろんぺっ　セロンペッ　中央　146
せんこうじょ　選鉱所　南　81
せんこうじょうひきこみせん　選鉱場引込線　南　178
せんじゃくこうち　千尺高地　手稲　166
せんじゃくこうち　千尺高地　南　193
せんじゃくすきーじょう　千尺スキー場　手稲　135
せんじゃくたに　千尺谷　手稲　166
せんじょうがたき　千丈ヶ瀧　南　69
ぜんたろうようすい　善太郎用水　白石　166
せんとらるぐらうんど　セントラルグラウンド　中央　192
せんにんこうしんづか　仙人庚申塚　北　174

【そ】

そうえん　桑園　中央　82
そうえんえき　そうえん（駅）　中央　88
そうえんえきうら　桑園駅裏　中央　90
そうえんえきとおり　桑園駅通　中央　82
そうえんえきひがしとおり　桑園駅東通　中央　202
そうえんえきまえ　桑園駅前　中央　63
そうえんかいこん　桑園開墾　中央　172
そうえんがっこうとおり　桑園学校通　中央　179
そうえんきたななじょう　桑園北7条　中央　179
そうえんく　桑園区　中央　90
そうえんしじょうまえ　桑園市場前　中央　82
そうえんしょうがっこう　桑園小学校　中央　63
そうえんしょうがっこうとおり　桑園小学校通　中央　82
そうえんしょうがっこうまえ　桑園小学校前　中央　90
そうえんしんかわ　桑園新川　中央　93
そうえんせん　桑園線　中央　179
そうえんちゅうおうせん　桑園中央線　中央　102
そうえんていしゃばとおり　桑園停車場通　中央　63
そうえんていしゃばまえ　桑園停車場前　中央　82
そうえんはっさむせん　桑園発寒線　西　102
そうえんはっさむどおり　桑園発寒通　西　135
そうえんまきば　桑園牧場　中央　172
そうかいろう　蒼海楼　中央　21
そうこ　倉庫　東　17
そうごううんどうじょう　総合運動場　中央　76
そうごうぐらうんどまえ　総合グラウンド前　中央　127
そうごうぐらんど　総合グランド　中央　70
そうごうしょくひんおろしうりいちば　総合食品卸売市場　中央　194
そうごうたいいくせんたー　総合体育センター　豊平　121
そうしほき　ソウシホキ　手稲　141
そうせいがっこう　創成學校　中央　23
そうせいがっこうまえ　創成学校前　中央　179
そうせいがわ　創成川　中央他　25
そうせいがわあんだーぱす　創成川アンダーパス　中央　194
そうせいがわいーすと　創成川イースト　東　☆
そうせいがわうんが　創成川運河　東　33
そうせいがわかんせん　創成川幹線　中央　194
そうせいがわかんせんすいろ　創成川幹線水路　北　168
そうせいがわこうえん　創成川公園　中央　135
そうせいがわしゅすいひもんばし　創成川取水樋門橋　中央　199
そうせいがわそいひがしどおり　創成川沿東通　中央　194
そうせいがわどおり　創成川通　中央　135
そうせいがわようすいろ　創成川用水路　北　168
そうせいがわりょくち　創成川緑地　北　203
そうせいこうとうしょうがっこう　創成高等小學校　中央　33
そうせいじんじょうこうとうしょうがっこう　創成尋常高等小学校　中央　148
そうせいどおり　創成通　中央　182
そうせいとんねる　創成トンネル　中央　135
そうせいばし　創成橋　中央　21
そうせいばしとおり　創成橋通　中央　148
そうせいひがしちく　創成東地区　中央他　☆
そうでんかいしゃはつでんしょ　送電會社発電所　南　69
そうはらさつほろ　ソウハラサツホロ　南　7
そうふうばし　蒼風橋　北　110
そうまじんじゃ　相馬神社　豊平　41
ぞうりんかいしゃ　造林会社　手稲　64
そくせいがっかん　速成學舘　中央　33
そっこうじょ　測候所　中央　23
そとかんじょう　外環状　厚別　194
そのうばし　園生橋　中央　192
そー・ぽく　ソー・ポク　手稲　146
そらちこくどう　空知国道　東　135
そらちとうり　ソラチトウリ　中央　82

【た】

【ち】

【つ】

【て】

【と】

【な】

にしかむいがわ　西神威川　南　190
にしきざ　錦座　中央　52
にしきたとおり　西北通　白石　☆
にしきとんねる　錦トンネル　南　135
にしきばし　錦橋　南　81
にしきばし　にしきばし（駅）　南　81
にしく　西区　中央　90
にしく　西区＊　西　96
にしく　西区　厚別　77
にしくだいいちはいすいろくごうぼっくすばし　西区第一排水6号ボックス橋　厚別　199
にしくやくしょまえ　西区役所前　西　127
にしけいさつしょまえ　西警察署前　西　127
にしこうこう　西高校　中央　76
にしこうこうまえ　西高校前　中央　82
にしこうこうまえ　西高校前　西　127
にしごちょうめたるかわどおり　西五丁目樽川通　中央　135
にしごちょうめりっきょう　西五丁目陸橋　北　194
にしごりょう　西御料　南　48
にしごりょうがわ　西御料川　南　130
にしさっぽろだんそう　西札幌断層　西　☆
にしさっぽろへんでんしょまえ　西札幌変電所前　北　127
にしさるとおり　爾志沙流通　中央　148
にしさんごうせん　西三號線　厚別　43
にしさんちょうめちかほどう　西3丁目地下歩道　中央　202
にしじゅういっちょうめえき　西11丁目駅　中央　129
にしじゅうごちょうめせん　西十五丁目線　中央　192
にしじゅうにけん　西十二軒　西　187
にしじゅうにけんさわ　西十二軒沢　西　187
にしじゅうはっちょうめえき　にしじゅうはっちょうめ（駅）　中央　112
にしじゅうろくちょうめりょくどう　西十六丁目緑道　中央　194
にしじょうざんけい　西定山渓　南　183
にしじょうざんけいがわ　西定山渓川　南　190
にししらいがわ　西白川　南　166
にししらいがわ　西白井川　南　184
にししろいし　西白石　白石　90
にししんえいがわ　西真栄川　清田　135
にししんかわ　西新川　西　201
にししんかわおいわけばし　西新川追分橋　北　199
にしせん　西線　中央　179
にしせん　西線　中央　90
にしせんくじょうあさひやまこうえんどおり　西線9条旭山公園通　中央　179
にしせんじゅういちじょう　西線11条　中央　90
にしせんじゅうくじょう　西線十九條　中央　82
にしせんじゅうよんじょう　西線14条　中央　179
にしせんじゅうろくじょう　西線十六條　中央　82
にしせんろくじょう　西線6条　中央　90
にしそうせいがっこうまえ　西創成学校前　中央　179
にしそうせいがわ　西創成川　中央　148
にしそうせいく　西創成区　中央　90
にしそうせいしょう　西創成小　中央　61
にしそうせいしょうがっこう　西創成小学校　中央　47
にしそうせいとおり　西創成通　中央　148
にしそうせいまえ　西創成前　中央　82
にしそうせいまち　西創成町　中央　22
にしてんぐやま　西テング山　南　148
にしてんごやま　西テンゴ山　南　167
にしとうり　ニシトウリ　中央　17
にしとおり　爾志通　中央　22
にしとおり　西通　豊平　41
にしとおりやけやま　西通焼山　豊平　166
にしとおりやけやまうらうちないかわぞえ　西通焼山ウラウチナイ川沿　豊平　166
にしとおりやけやまどおり　西通焼山通　豊平　166
にしとおりろっけんむら　西通六軒村　豊平　166
にしとよひら　西豊平　南　183
にしとんでん　西屯田　中央　37
にしとんでんどおり　西屯田通　中央　135
にしとんでんぼち　西屯田墓地　中央　55
にしななちょうめどおり　西7丁目通　中央　135
にしにごうせん　西二號線　厚別　43
にしにじゅうごちょうめせん　西25丁目線　中央　102
にしにじゅうごちょうめどおり　西25丁目通　中央　135
にしにじゅうさんちょうめななめとおり　西二十三丁目ナナメ通　中央　194
にしにじゅっちょうめせん　西二十丁目線　中央　194
にしにじゅっちょうめどおり　西20丁目通　中央　135
にしにちょうめちかほどう　西2丁目地下歩道　中央　202
にしの　西野＊　西　41
にしの　西野（1～14条1～10丁目）＊　西　41
にしのがわ　西野川　西　129
にしのきたこうえん　西野北公園　西　203
にしのぐりーんこうえん　西野グリーン公園　西　203
にしのさときょうえいどおり　西の里共栄通　厚別　135
にしのじょうすいじょう　西野浄水場　西　180

にしのしょうわこうえん　西野昭和公園　西　203
にしのしろいしせん　西野白石線　白石　166
にしのせん　西野線　西　102
にしのだいに　西野第二　西　☆
にしのたーみなる　西野ターミナル　西　102
にしのちゅうおうこうえん　西野中央公園　西　203
にしのどうろ　西野道路　西　166
にしのどおり　西野通　西　135
にしのとんでんどおり　西野・屯田通　西　135
にしのにしこうえん　西野西公園　西　135
にしののさわがわ　西野々沢川　南　190
にじのはし　虹の橋　白石　194
にしのふたまた　西野二股　西　193
にしのへんでんしょ　西野変電所　西　106
にしのまこまないきよたせん　西野真駒内清田線　西　194
にしのまこまないていしゃばせん　西野真駒内停車場線　南　165
にしのまちづくりせんたーまえ　西野まちづくりセンター前　西　127
にしのみどりばし　西野緑橋　西　135
にしのみなみこうえん　西野南公園　西　135
にしのようすいろ　西野用水路　西　166
にしはちけん　西八軒　西　90
にしはっさむ　西発寒　西　59
にしはっちょうめしりつびょういんとおり　西八丁目市立病院通　中央　179
にしばらと　西茨戸*　北　110
にしばらと　西茨戸（1～7条1～2丁目）*　北　110
にしばんけいがわ　西盤渓川　中央　135
にしひらぎし　西平岸　豊平　161
にしふじの　西藤野　南　184
にしべついん　西別院　中央　55
にしほけんじょ　西保健所　中央　90
にしほけんじょまえ　西保健所前　中央　179
にしほんがんじ　西本願寺　中央　37
にしまきば　西牧場　北　65
にしまきばだいにごうどおり　西牧場第2号通　北　135
にしまきばにばんどおり　西牧場二番通　北　☆
にしまち　西町　白石　88
にしまち　西町　西　☆
にしまち　西町　南　166
にしまちきた　西町北（1～20丁目）*　西　112
にしまちみなみ　西町南（1～21丁目）*　西　112
にしみすまい　西簾舞　南　166
にしみすまいぞうりんさぎょうしょ　西簾舞造林作業所　南　166
にしみやのさわ　西宮の沢*　手稲　110
にしみやのさわ　西宮の沢（1～6条1～5丁目）*　手稲　110
にしみやのさわがわ　西宮の沢川　手稲　201
にしみやのさわこうえん　西宮の沢公園　手稲　135
にしみやのさわさんじょうどおり　西宮の沢3条通　手稲　202
にしみやのさわしんはっさむどおり　西宮の沢・新発寒通　手稲　135
にしみやのさわちゅうおうどおり　西宮の沢中央通　手稲　135
にしみやのさわてつどうぞいどおり　西宮の沢鉄道添通　手稲　202
にしみやのさわよんちょうめどおり　西宮の沢4丁目通　手稲　202
にしやま　西山　豊平　204
にしやま　西山　南　191
にしやまのて　西山ノ手　西　204
にしやまのて　西山手　西　187
にしやまはな　西山鼻　中央　41
にじゅうよんけん　二十四軒（1～4条1～7丁目）*　西　76
にじゅうよんけんえき　にじゅうよんけん（駅）　西　112
にじゅうよんけんきた　二十四軒北　西　182
にじゅうよんけんこうえん　二十四軒公園　西　135
にじゅうよんけん・ていねどおり　二十四軒・手稲通　西　135
にじゅうよんけんどおり　二十四軒通　西　166
にじゅうよんけんにし　二十四軒西　西　204
にじゅうよんけんひがし　二十四軒東　西　90
にじゅうよんけんみなみ　二十四軒南　西　90
にじゅうよんけんむら　二十四軒村　西　154
にじょういちば　二条市場　中央　194
にじょううおまち　二条魚町　中央　166
にしょうく　二小区　中央　204
にじょうしょうがっこう　二条小学校　中央　82
にしよんちょうめせん　西四丁目線　中央　194
にせいおまっぷ　ニセイオマップ　南　166
にせいおまぷ　ニセイオマプ　南　146
にせいけ　ニセイケ　南　7
にせいけしゅおまぷ　ニセイケシュオマプ　南　146
にせいけしよまふ　ニセイケシヨマフ　南　7
にせいだい　二星岱　南　183
にせいだいかんのんやま　二星岱観音山　南　183
にせいだいだんち　二星岱団地　南　178
にせいとおり　爾静通　中央　157
にせいまふない　ニセイマフナイ　南　141
にせをまない　ニセヲマナイ　南　4

【ぬ】

【ね】

【の】

【は】

ぱせお　パセオ　中央　☆
はたごや　ハタゴヤ　中央　21
はたのさわがわ　羽田の沢川　手稲　190
はちけん　八軒（1～10条西1～13・東1～5丁目）*　西　74
はちけんえき　はちけん（駅）　西　110
はちけんきた　八軒北　西　182
はちけんざん　八剣山　南　87
はち（っ）けんざんとんねる　八剣山トンネル　南　130
はちけんちゅうおう　八軒中央　西　☆
はちけんちゅうがっこう　八軒中学校　西　90
はちけんとおり　八軒通　西　90
はちけんにし　八軒西　西　182
はちけんはいすい　八軒排水　西　166
はちけんひがし　八軒東　西　182
はちけんゆうびんきょくまえ　八軒郵便局前　西　90
はちこ　八戸　西　16
はちごうのさわ　八號ノ澤　南　44
はちごうのさわひだりがくでん　八号の沢左学田　南　166
はちごうのさわみぎがくでん　八号の沢右学田　南　166
はちじゅうはっかしょ　八十八ヶ所　中央　205
はちじょうちゅうがくっこう　八条中学校　豊平　90
はちぼうだいだんち　八望台団地　清田　166
はちまんじんぐう　八幡神宮　白石　102
はちやむえぶい　ハチヤムエブイ　西　146
はちゃむえぶい　ハチャムエブイ　西　146
はちゃむえぷいやま　櫻鳥莕山　西　148
はちゃむがわ　初寒川　西他　16
はちゃむがわ　發寒川　西他　27
はちゃむがわじょうりゅうかんりん　發寒川上流官林　西　187
はちゃむとんでん　發寒屯田　西　27
はちゃむぬぷり　ハチャムヌプリ　南　204
はちゃむぱらとー　ハチャムパラトー　西　146
はちゃむぷど゜　ハチャムプド゜　西　146
はちゃむぺっ　ハチャムペッ　西　146
はちゃむぺっ　ハチャムペッ　西　166
はちゃむぺっ　Hachamupet　西　25
はちゃむむら　發寒村　西　27
はちゃむやま　初寒山　南　16
はちゃむをべつかうし　發寒ヲベツカウシ　西　148
はちゃゆぺつ　ハチャユペツ　西　146
はちゃんぺっぷと　ハチヤンペップト　西　146
はっけんざん　八剣山　南　87
はっけんざんとざんぐち　八剣山登山口　南　127
はっこう　八紘　豊平　166
はっこうがくいん　八紘学院　豊平　100
はっさふ　初寒　西　16
はつさぶ　ハツサブ　西　146
はつさふがわ　ハツサフ川　西　204
はつさぶがわ　ハツサブ川　西　1
はっさぶがわ　ハッサブ川　西　167
はつさふと　ハツサフト　西　9
はつさふぶと　ハツサフブト　西　204
はっさぶふと　発昨部フト　西　139
はつさふやま　ハツサフ山　西　204
はっさむ　発（發）寒（1～17条1～14丁目）*　西　25
はっさむいこいこうえん　発寒いこい公園　西　203
はっさむえき　はっさむ（駅）　西　110
はっさむえききたぐち　発寒駅北口　西　127
はっさむえきどおり　発寒駅通　西　127
はっさむおおぞらこうえん　発寒河畔公園　西　135
はっさむかはんこうえん　発寒大空公園　西　135
はっさむがわ　發寒川　西他　25
はっさむがわじょうりゅうかんりん　発寒川上流官林　西　187
はっさむがわせんじょうち　発寒川扇状地　西　191
はっさむかわぞえ　發寒川沿　手稲　204
はっさむがわりょくち　発寒川緑地　西　203
はっさむきた　発寒北　西　134
はっさむきたしょうてんがい　発寒北商店街　西　☆
はっさむきんろうしゃだんち　発寒勤労者団地　西　166
はっさむこうえん　発寒公園　西　135
はっさむこうえんまえ　発寒公園前　西　135
はっさむこうぎょうにしりょくち　発寒工業西緑地　西　203
はっさむこうよう　発寒向陽　手稲　127
はっさむさんじょういずみりょくち　発寒三条泉緑地　西　203
はっさむじゅうごじょうりょくち　発寒15条緑地　西　203
はっさむしょうがっこう　発寒小学校　西　90
はっさむじんじゃ　発寒神社　西　90
はっさむせいりょうこうえん　発寒西陵公園　西　203
はっさむせん　発寒線　西　102
はっさむだいにこうぎょうだんちりょくち　発寒第二工業団地緑地　西　203
はっさむだんち　発寒団地　西　135
はっさむちゃしあと　発寒チャシ跡　西　204
はっさむちゅうおう　発寒中央　西　90
はっさむちゅうおうえき　はっさむちゅうおう（駅）　西　110
はっさむてっこうだんち　発寒鉄工団地　西　135

【ひ】

ひるずがーでんきよた　ヒルズガーデン清田　清田　127
ひるずがーでんちゅうおう　ヒルズガーデン中央　清田　127
ひろしまいちごうせん　広島一（二・三）号線　西　166
ひろしまえ　ヒロシ前　中央　☆
ひろしまかいこん　廣島開墾　西　41
ひろしまかいどう　広島街道　白石　169
ひろしまかわぞえせん　広島川添線　西　166
ひろしまどうろ　広島道路　西　194
ひろしまどおり　広島通　西　166

【ふ】

ふぁいたーずとおりしょうてんがい　ファイターズ通商店街　東　☆
ふぁれりーとおり　ファレリー通　南　165
ふうえいかん　風詠館　中央　171
ふうねしり　フウ子シリ　西　7
ふうねしり　フウネシリ　西　141
ふくい　福移　北　75
ふくい　福井*　西　76
ふくい　福井（1～10丁目）*　西　76
ふくいいりぐち　福移入口　北　127
ふくいえんてい　福井えん堤　西　193
ふくいだむ　福井ダム　西　190
ふくいちゅうおう　福井中央　西　102
ふくいちゅうおうこうえん　福井中央公園　西　203
ふくいていないがわ　福移堤内川　北　201
ふくいの　福井野　西　☆
ふくいぶんきてん　福井分岐点　西　102
ふくいりょくち　福井緑地　西　203
ふくしまとうり　フクシマトウリ　中央　17
ふくしまとおり　福嶌通　中央　22
ふくしまみついしとおり　福島三石通　中央　148
ふくじゅうじ　福住寺　豊平　41
ふくずみ　福住（1～3条1～12丁目）*　豊平　77
ふくずみ　ふくずみ（駅）　豊平　121
ふくずみおがわこうえん　福住小川公園　豊平　203
ふくずみこうえん　福住公園　豊平　135
ふくずみそうえんどおり　福住桑園通（線）　豊平　135
ふくずみちゅうおう　福住中央　豊平　102
ふくずみちゅうおうどおり　福住中央通　豊平　135
ふくずみどーむまえこうえん　福住ドーム前公園　豊平　204
ふくずみなるこばし　福住なるこ橋　豊平　199
ふくずみばしどおり　福住橋通　豊平　102
ふじいまち　藤井町（フジ井町）　中央　21
ふじがおかたかだいこうえん　藤が丘高台公園　南　135
ふしこ　伏籠　東　182
ふしこ　伏古（1～14条1～5丁目）*　東　96
ふしこいんたーちぇんじ　伏古IC　東　114
ふじこうこう　藤高校　北　82
ふじこうじょ　藤高女　北　61
ふじこえん　富士湖園　東　164
ふしこおおどおり　伏古大通　東　194
ふしこがわ　藤古川　東　190
ふしこがわ　伏古川　東　36
ふしこがわ　伏籠川　北他　110
ふしこがわ　伏篭川　東　35
ふしこがわさがんどおり　伏籠川左岸通　北他　135
ふしこがわうがんどおり　伏籠川右岸通　北他　135
ふしこがわみずさいせいぷらざ　伏古川水再生プラザ　東　127
ふしこがわりょくち　伏籠川緑地　北　203
ふしこきた　伏古北　東　☆
ふしここうえん　伏古公園　東　110
ふしこさつほろ　舊札幌川　東　148
ふしこさつぽろ　フシコサツホロ　東　7
ふしこさっぽろがわ　フシコサッポロ川　東　166
ふしこさっぽろがわ　伏古札幌川　東　33
ふしこさっぽろがわ　伏戸札幌川　東他　27
ふしこさっぽろぺっ　フシコサッポロペッ　東　166
ふしこたくほくどおり　伏古・拓北通　東　135
ふしこだんち　伏古団地　東　166
ふしこだんちせん　伏古団地線　東　102
ふしこばし　伏籠橋　北　135
ふしこはちゃむがわ　フシコハチャム川　東　148
ふしこはつしやふ　フシコハツシヤフ　西　141
ふしこへつ　フシコヘツ　東　4
ふしこ・ぺっ　フシコ・ペッ　東　160
ふしこへつえしゃん　フシコヘツヱシャン　東　160
ふしこほんちょう　伏古本町　東　☆
ふじじょしだい　藤女子大　北　110
ふじじょしたんきだいがく　藤女子短期大学　北　82
ふじじょしたんだい　藤女子短大　北　103
ふじちゅうがく　藤中学　北　82
ふじの　藤野*　南　81
ふじの　藤野（1～6条1～13丁目）*　南　81
ふじのいちごうどおり　藤野1号通　南　202
ふじのいっく　藤野一（二・三・四）区　南　178
ふじのおんせん　藤野温泉　南　180
ふじのかはんりょくち　藤野河畔緑地　南　203
ふじのがわ　藤野川　南　190

【へ】

【ほ】

【ま】

まるやましょう　圓山小　中央　61
まるやましょうがっこう　円山小学校　中央　82
まるやまじんじゃ　円山神社　中央　204
まるやません　円山線　中央　179
まるやませんじょうち　円山扇状地　中央　164
まるやまそうごううんどうじょう　円山総合運動場　中央　135
まるやまだいいちとりい　円山第一鳥居　中央　134
まるやまだいにしょうがっこう　円山第二小学校　中央　70
まるやまちょう　圓山町　中央　182
まるやまでんしゃどおり　円山電車通　中央　194
まるやまどうぶつえん　円山動物園　中央　98
まるやまにしまち　円山西町*　中央　88
まるやまにしまち　円山西町（1～10丁目）*　中央　88
まるやまにしまちじんじゃまえ　円山西町神社前　中央　127
まるやまにちょうめ　円山2丁目　中央　179
まるやまはちじゅうはっかしょ　円山八十八カ所　中央　194
まるやまびょういん　円山病院　中央　52
まるやまびょういんしんりょうじょ　円山病院診療所　中央　69
まるやまぶらく　円山部落　中央　204
まるやまぼち　円山墓地　中央　69
まるやまみなみまち　円山南町　中央　204
まるやまむら　圓山村　中央　17
まるやまむら　円山村　中央　16
まるやまむら　丸山村　中央　148
まるやまむらやくば　円山村村役場　中央　69
まるやまようじゅえん　圓山養樹園　中央　148
まるやまよんちょうめ　円山四丁目　中央　63
まるやまりくじょうきょうぎじょう　円山陸上競技場　中央　135
まるややま　マルヤ山　中央　16
まろんへつ　マロンヘツ　中央　175
まろんべつ　マロンベツ　中央　155

【み】

みうらのうじょう　三浦農場　手稲　176
みかえりざか　見返り坂　豊平　194
みかさすきーじょう　三笠スキー場　南　135
みかさすろーぷ　三笠スロープ　南　178
みかさやま　三笠山　南　135
みかさやますきーじょう　三笠山スキー場　南　178
みかさりょくち　三笠緑地　南　203
みかほおくないすけーとじょう　美香保屋内スケート場　東　165
みかほこうえん　ミカホ公園　東　82
みかほこうえん　美香保公園　東　88
みかほこうえんどおり　美香保公園通　東　90
みかほしょうがっこう　美香保小学校　東　82
みかほちく　美香保地区　東　☆
みかほちゅうがっこう　美香保中学校　東　82
みかわこくどう　三川国道　厚別他　135
みぎいりさわがわ　右入沢川　南　190
みぎおおえざわかわ　右大江沢川　南　190
みぎきたのさわかわ　右北の沢川　南　135
みぎさわがわ　右沢川　南　190
みぎたきのさわがわ　右滝の沢川　手稲　190
みぎなかのさわがわ　右中の沢川　南　190
みぎまた　右股　西　41
みぎまたおくたきのさわ　右股奥瀧ノ澤　西　204
みぎまたがわ　右股川　南　48
みぎまたこや　右股小屋　西　90
みぎまたせん　右股線　西　166
みぎまたたき　右股滝　西　64
みぎまたのたき　右股ノ滝　西　56
みぎまたばし　右股橋　西　102
みぎみなみのさわがわ　右南の沢川　南　135
みさとだんち　美里団地　清田　135
みさわほーむたうん　ミサワホームタウン　厚別　135
みずあげば　水揚場　東　40
みずかみがわ　水上川　西　☆
みずがみどおり　水上通　西　166
みすじのたき　三筋の滝　厚別　166
みずほいけ　瑞穂池　厚別　204
みずほおおはし　水穂大橋　中央　112
みずほじんじゃ　瑞穂神社　東　204
みずほだんち　みずほ団地　東　104
みずほちゅうおう　瑞穂中央　白石　127
みずほどおり　瑞穂通　北　194
みずほのいけ　瑞穂の池　厚別　166
みすまい　ミスマイ　南　204
みすまい　簾舞*　南　36
みすまい　簾舞（1～6条1～6丁目）*　南　36
みすまい　みすまい（駅）　南　56
みすまいいっく　簾舞一（二・三・四）区　南　183
みすまいえきてい　簾舞駅逓　南　183
みすまいおかぱるしがわじょうりゅう　簾舞オカパルシ川上流　南　204
みすまいがわ　簾舞川　南　36
みすまいがわせんじょうち　簾舞川扇状地　南　183
みすまいかんのんざわ　簾舞観音沢　南　183
みすまいきゅうはくじょ　簾舞休泊所　南　183

みすまいきょうこく　簾舞峡谷　南　183
みすまいだむ　簾舞ダム　南　90
みすまいだんち　簾舞団地　南　127
みすまいちゅうおうせんどうろ　簾舞中央線道路　南　183
みすまいつうこうや　簾舞通行屋　南　183
みすまいつうこうやりょくち　簾舞通行屋緑地　南　203
みすまいにしじゅんかんどおり　簾舞西循環通　南　135
みすまいののさわ　簾舞野々澤　南　183
みすまいののさわ　簾舞野々沢　南　204
みすまいはっけい　簾舞八景　南　166
みすまいはつでんしょ　簾舞発電所　南　163
みすまいばんがいち　簾舞番外地　南　184
みすまいみやのうえ　簾舞宮の上　南　183
みすまいみやのした　簾舞宮の下　南　183
みすまいれいえん　みすまい霊園　南　130
みすまいをかばるしがわじょうりゅう　簾舞ヲカバルシ川上流　南　204
みすまえ　簾前　南　204
みすまっぷがわ　簾舞川　南　30
みすみちょう　美住町　東　166
みすみどおり　美住通　東　134
みそしょうゆじょうぞうじょう　味噌醤油醸造場　中央　33
みその　美園(1～12条1～8丁目)*　豊平　60
みその　御園　豊平　204
みそのいっく　美園一(二)区　豊平　161
みそのえき　みその(駅)　豊平　121
みそのく　美園区　豊平　90
みそのしょうがっこうまえ　美園小学校前　豊平　90
みそのせん　美園線　豊平　102
みそまい　ミソマイ　南　204
みそまつふ　ミソマツフ　南　16
みそまっぷ　ミソマップ　南　146
みそらとんねる　みそらトンネル　白石　☆
みたにのうじょう　三谷農場　手稲　166
みついぎんこう　三井銀行　中央　23
みついくらぶ　三井倶楽部　中央　50
みついしとうり　ミツイシトウリ　中央　17
みついしとおり　三石通　中央　22
みついしとおり　三ツ石通　中央　204
みついのかわ　三井の川　中央　160
みついりょう　三井寮　東　127
みつこしまえ　三越前　中央　82
みってるどうろ　ミッテル道路　豊平　175
みつびしやま　三菱山　南　193
みつやませんこうじょう　三ツ山選鉱場　手稲　176
みどり　緑　豊平　☆
みどりがおか　緑丘　中央　☆
みどりがおか　緑ヶ丘　南　166
みどりがおか　緑ヶ丘　南　127
みどりがおか　みどりがおか(駅)　南　90
みどりがおかこうえん　緑ヶ丘公園　中央　135
みどりがおかだんち　緑ヶ丘団地　清田　134
みどりがおかだんちきた　緑ヶ丘団地北　清田　127
みどりがおかだんちひがし　緑ヶ丘団地東　清田　127
みどりがおかちゅうおう　緑ヶ丘中央　南　127
みどりがおかていりゅうじょ　緑ヶ丘停留所　南　198
みどりだいちょう　緑台町　南　165
みどりのせんたー　緑のセンター　豊平　204
みどりばし　緑橋　南　199
みどりまち　緑町　南　92
みなみ　南　南　☆
みなみ　南(1～39条)*　中央　41
みなみあいのさと　南あいの里(3～7丁目)*　北　135
みなみあいのさとこうえん　南あいの里公園　北　135
みなみあいのさとちゅうおうどおり　南あいの里中央通　北　202
みなみあいのさとどおり　南あいの里通　北　202
みなみあさひまち　南旭町　厚別　127
みなみありあけ　南有明　清田　134
みなみいちじょうせん　南一条線　中央　194
みなみいちじょうどおり　南1条通　中央　135
みなみいちじょうばし　南一条橋　中央　69
みなみいちじょうひがしにちょうめ　南1条東2丁目　中央　179
みなみいちじょうゆうびんきょく　南一條郵便局　中央　52
みなみいちばんどおり　南一番通　北　59
みなみおおどおり　南大通　中央　70
みなみおおはし　南大橋　中央　90
みなみおおはしどおり　南大橋通　中央　90
みなみがおか　南が丘　南　☆
みなみがおかこうえん　南が丘公園　南　135
みなみく　南区*　南　98
みなみくじょうりょくち　南9条緑地　中央　203
みなみくやくしょまえ　南区役所前　南　127
みなみこうこう　南高校　中央　76
みなみごじょうゆうびんきょく　南五條郵便局　中央　52
みなみこのっぽろ　南小野幌　厚別　102

みなみごばんどおり　南五番通　北　59
みなみさかえばし　南栄橋　清田　199
みなみさわ　南沢*　南　92
みなみさわ　南沢(1〜6条1〜4丁目)*　南　92
みなみさわえいとこうえん　南沢えいと公園　南　203
みなみさわかわ　南沢川　南　166
みなみさわすわんこうえん　南沢スワン公園　南　203
みなみさわとんねる　南沢トンネル　南　135
みなみさわふたまた　南沢二股　南　102
みなみさんじゅういちじょうおおはし　南三十一条大橋　南　112
みなみさんじょうゆうびんきょく　南三條郵便局　中央　52
みなみさんばんどおり　南三番通　北　59
みなみじゅうくじょうおおはし　南十九条大橋　中央　98
みなみしりべしとおり　南後志通　中央　18
みなみしろいし　南白石　白石　☆
みなみしんえい　南真栄　清田　102
みなみしんかわ　南新川　北　90
みなみだけ　南岳　南　125
みなみつきさむ　南月寒　豊平　☆
みなみななじょうおおはし　南七条大橋　中央　98
みなみななじょうよねさとどおり　南七条・米里通　中央　102
みなみにじゅうにじょうおおはし　南二十二条大橋　中央　98
みなみにじゅうにじょうばし　南二十二条橋　中央　90
みなみにじゅうにじょうばしどおり　南二十二条橋通　豊平　175
みなみにせん　南二線　手稲　127
みなみにばんどおり　南二番通　北　59
みなみのさわ　南の沢　南　☆
みなみのさわがわ　南の沢川　南　135
みなみのさわせん　南の沢線　南　102
みなみのさわちゅうおう　南の沢中央　南　102
みなみはちじょうにしゆうびんきょく　南八条西郵便局　中央　166
みなみはっさむ　南発寒　西　65
みなみひらぎし　南平岸　豊平　90
みなみひらぎしえき　みなみひらぎし(駅)　豊平　121
みなみひらぎしせん　南平岸線　豊平　102
みなみまち　南町　南　92
みなみまち　南町　白石　88
みなみまるやまく　南円山区　中央　90
みなみもとまち　南元町　東　90
みなみよじょうどおり　南四条通　中央　194
みなみよじょうひがしさんちょうめ　南4条東3丁目　中央　179
みなみよじょうゆうびんきょく　南四條郵便局　中央　53
みなみよんばんとおり　南四番通　北　59
みなみろくばんどおり　南六番通　北　59
みにおおどおり　ミニ大通　中央　194
みのやま　箕山　南　146
みのるばし　実橋　清田　204
みはらしがおか　見晴ヶ岡　南　90
みはらしだいだんち　見晴台団地　豊平　102
みますかん　ミマス館　中央　69
みやがおか　宮ヶ丘*　中央　90
みやがおかこうえん　宮丘公園　西　110
みやがおかとんねる　宮丘トンネル　西　135
みやかわしょうてん　宮川商店　東　90
みやぎさわ　宮城沢　手稲　64
みやぎさわがわ　宮城沢川　手稲　135
みやぎのさわ　宮城の沢　手稲　166
みやのうえ　宮の上　南　183
みやのうえだいち　宮の上台地　南　183
みやのおか　宮の丘　西　☆
みやのさわ　宮の沢*　西　110
みやのさわ　宮の沢(1〜4条1〜5丁目)*　西　110
みやのさわ　宮沢　西　76
みやのさわ　宮澤　西　72
みやのさわ　宮ノ澤　西　41
みやのさわ　宮ノ沢　西　204
みやのさわ　宮の澤　西　204
みやのさわいちじょうどおり　宮の沢1条通　西他　202
みやのさわえき　みやのさわ(駅)　西　133
みやのさわがわ　宮の沢川　手稲　135
みやのさわこうえん　宮の沢公園　西　135
みやのさわさくらいどおり　宮の沢桜井通　西　134
みやのさわたかだいせん　宮の沢高台線　西　166
みやのさわちかほどう　宮の沢地下歩道　西　202
みやのさわふれあいこうえん　宮の沢ふれあい公園　西　203
みやのさわみなみりょくち　宮の沢南緑地　西　203
みやのさわりったいこうさ　宮の沢立体交差　西　194
みやのした　宮の下　南　183
みやのした　宮の下　西　187
みやのもり　宮ノ森　中央　76
みやのもり　宮の森*　中央　90
みやのもり　宮の森(1〜4条1〜18丁目)*　中央　90

みやのもりおおくらやま　宮の森大倉山　中央　☆
みやのもりきたにじゅうよじょうどおり　宮の森・北24条通　北　135
みやのもりこうばんまえ　宮の森交番前　中央　102
みやのもりしたじゅうにけんばし　宮の森下十二軒橋　中央　199
みやのもりしゃんつえまえ　宮の森シャンツェ前　中央　127
みやのもりじゃんぷきょうぎじょう　宮の森ジャンプ競技場　中央　98
みやのもりじゅうにけんりょくち　宮の森十二軒緑地　中央　203
みやのもりじゅうにごうぼっくすばし　宮の森12号ボックス橋　中央　199
みやのもりせん　宮の森線　中央　102
みやのもりちゅうおう　宮の森中央　中央　102
みやのもりにし　宮の森西　中央　102
みやのもりやまのてきた　宮の森山の手北　西　204
みやのもりやまのてみなみ　宮の森山の手南　西　204
みやのもりよじょうりょくち　宮の森4条緑地　中央　203
みやのもりりょくち　宮の森緑地　中央　203
みやべきねんりょくち　宮部記念緑地　中央　203
みやまちじょうすいじょう　宮町浄水場　手稲　180
みやみち　宮道　中央　☆
みやむらぼくじょう　宮村牧場　厚別　36
みゆきこうばん　御幸交番　中央　166
みゆきどおり　御幸通　南　166
みゆきばし　御幸橋　中央　33
みゆきはしゅつじょ　御幸派出所　中央　166
みゅんへんおおはし　ミュンヘン大橋　中央　129
みょうふくじ　妙福寺　南　90
みよしじんじゃ　三吉神社　中央　41
みらーとおり　ミラー通　南　165

【む】

むいねおおはし　無意根大橋　南　194
むいねごや　無意根小屋　南　90
むいねしり　ムイネシリ　南　146
むいねしり　ムイネシリ　南　185
むいねしり　ムイ子ネシリ　南　148
むいねしり　箕山　南　148
むいねしりごや　無意根尻小屋　南　114
むいねやま　無意根山　南　56
むいねやま　無比寧山　南　166
むいねやま　ムイ子山　南　31
むいねやまこや　無意根山小屋　南　87
むこうがおか　向ヶ丘　豊平　42
むこうがおかどおり　向ヶ丘通　豊平　135
むさしじょしたんだい　武蔵女子短大　北　96
むせんじゅしんじょ　無線受信所　北　74
むせんそうじゅしんじょ　無線送受信所　東　91
むせんちゅうけいじょ　無線中継所　南　76
むめいがわ　無名川　南　183
むめいざわ　無名沢　南　31
むめいやま　無名山　中央　193
むらさかいとおり　村界通　白石　204
むらやくば　村役場　西　65
むろらんかいどう　室蘭街道　豊平他　24
むろらんとおり　室蘭通　中央　22

【め】

めいえん　明園　東　☆
めいじせいかこうじょう　明治製菓工場　東　164
めいじにゅうぎょう　明治乳業　豊平　90
めいじのうじょう　明治農場　手稲　166
めいじびょういん　明治病院　中央　33
めぐみかいたくきねんひ　恵開拓記念碑　南　127
めじろてい　メジロ邸　中央　157
めつふ　メツフ　厚別　141
めんようじょう　綿羊場　中央　148

【も】

もいりと　モイリト　東　204
もいりとん　モイリトン　東　204
もいれがわ　モイレ川　東　204
もいれとう　モイレトウ　東　16
もいれぬま　モイレ沼　東　26
もいれぺっ　モイレペッ　東　160
もいれべつ　モイレベツ　東　146
もいれぺっとう　緩流川　東　148
もいれへつとほ　モイレヘツトホ　東　4
もいわ　モイワ　中央　16
もいわ　藻岩　南　56
もいわ　小山　中央　148
もいわ　最岩　中央　15
もいわおんせん　藻岩温泉　中央　69
もいわがっこう　藻巌学校　中央　164
もいわがっこう　藻岩学校　中央　167
もいわかみのはし　藻岩上の橋　南　197
もいわがわ　藻岩川　中央　166
もいわきた　藻岩北　南　☆
もいわく　藻岩区　南　90
もいわげんしりん　藻岩原始林　南他　91
もいわこうこうまえ　藻岩高校前　南　127

もとやまばし　本山橋　南　198
もとゆほてる　元湯ホテル　南　69
もなみがくえん　藻南学園　南　92
もなみこうえん　藻南公園　南　90
もなみばし　藻南橋　南　92
もなみびょういん　藻南病院　南　102
もはち　茂八　中央　20
もまにうし　モマニウシ　江別市　146
もみじがさわ　紅葉ヶ沢　手稲　176
もみじだい　もみじ台　厚別　166
もみじだいきた　もみじ台北（1～7丁目）*　厚別　100
もみじだいきたこうえん　もみじ台北公園　厚別　203
もみじだいだんち　もみじ台団地　厚別　166
もみじだいだんちいりぐち　もみじ台団地入口　厚別　127
もみじだいどおり　もみじ台通　厚別　135
もみじだいにし　もみじ台西（1～7丁目）*　厚別　100
もみじだいにしこうえん　もみじ台西公園　厚別　203
もみじだいひがし　もみじ台東（1～7丁目）*　厚別　100
もみじだいひがしこうえん　もみじ台東公園　厚別　203
もみじだいみなみ　もみじ台南（1～7丁目）*　厚別　100
もみじだいみなみこうえん　もみじ台南公園　厚別　203
もみじだいりょくち　もみじ台緑地　厚別　203
もみじのおか　もみじの丘　厚別　☆
もみじのもり　もみじの森　厚別　☆
もみじばし　紅葉橋　南　89
もみじばし　紅葉橋　厚別　127
もみじばし　紅葉橋　北　168
もみじやまさきゅうれつ　紅葉山砂丘列　北　168
もり　モリ　北・石狩市　27
もりがくしゃとうげのわいなりーまえ　森学舎峠のワイナリー前　中央　127
もろらんとうり　モロラントウリ　中央　17
もんぱー　モンパー　南　193

【や】

やうない　ヤウナイ　厚別　141
やきゅうぐらうんど　野球グラウンド　中央　55
やぎゅうざわがわ　野牛沢川　厚別　190
やぎゅうざん　野牛山　厚別　166
やくば　役場　白石　61
やくば　役場　手稲　64
やけざわがわ　焼沢川　南　190
やけやま　焼山　南　56
やけやま　焼山　豊平　45
やけやましょうじんかわぞえ　焼山精進川沿　豊平　204
やけやまどうろぞえ　焼山道路添　豊平　204
やすはるがわ　安春川　北他　133
やすはるがわにばんばし　安春川二番橋　北　127
やながはちょう　ヤナガハ町　中央　21
やながわちょう　柳川町　中央　166
やなぎさわ　柳沢　南　81
やなぎさわがわ　柳沢川　南　190
やなせばし　柳瀬橋　清田　204
やひこじんじゃ　弥彦神社　中央　55
やまがたや　山形屋　中央　33
やまかのうじょう　山嘉農場　清田　56
やまかのやま　∧カの山　南　166
やまぐち　山口　手稲　25
やまぐち　山口　北　40
やまぐちうんが　山口運河　手稲　64
やまぐちかいこん　山口開墾　手稲　166
やまぐちこうえん　山口公園　手稲　135
やまぐちさいじょう　山口斎場　手稲　135
やまぐちしょりじょう　山口処理場　手稲　105
やまぐちじんじゃまえ　山口神社前　手稲　127
やまぐちだんち　山口団地　手稲　☆
やまぐちだんちりょくち　山口団地緑地　手稲　203
やまぐちちゅうおう　山口中央　北　174
やまぐちなかどおり　山口中通　手稲　202
やまぐちはいすい　山口排水　手稲　94
やまぐちはいすいがわ　山口排水川　手稲　119
やまぐちばんがいち　山口番外地　北　174
やまぐちひがしどおり　山口東通　手稲　202
やまぐちほしおき　山口星置　手稲　198
やまぐちぼち　山口墓地　手稲　135
やまぐちほんどおり　山口本通　手稲　166
やまぐちむら　山口村　手稲　29
やまぐちむらこうさいだむ　山口村鉱滓ダム　手稲　176
やまぐちりょくち　山口緑地　手稲　203
やまこしかみかわとおり　山越上川通　中央　148
やまこしとうり　ヤマコシトウリ　中央　17
やまこしとおり　山越通　中央　22
やまじんじゃ　山神社　手稲　194
やまだおんせん　山田温泉　南　195
やまだかいこん　山田開墾　北　166
やまていね　山手稲　西　90
やまなか　山中　東　40

【ゆ】

ゆうひのさわがわ　夕日の沢川　南　131
ゆうひばし　夕日橋　南　199
ゆうびんきょく　郵便局　中央　21
ゆうびんでんしんきょく　郵便電信局　中央　33
ゆうふつとおり　勇拂通　中央　22
ゆうへをち　ユウヘヲチ　西　160
ゆうへをつ　ユウヘヲツ　西　7
ゆうほうこうこう　有朋高校　北　127
ゆうりょうどうろ　有料道路　南　90
ゆうをい　ユウフイ　南　141
ゆきじるしにゅうぎょう　雪印乳業　東　90
ゆきじるしひかくこうじょう　雪印皮革工場　東　76
ゆきみばし　雪見橋　南　199
ゆくにくり　ユㇰニクリ　中央　146
ゆくみんだら　ユㇰミンダラ　東　146
ゆく・みんたる　ユク・ミンタル　東　166
ゆそうせんたー　輸送センター　中央　90
ゆたかばし　ゆたか橋　手稲　135
ゆたかばし　豊橋　南　69
ゆたかひがしさんかくこうえん　ゆたか東三角公園　手稲　204
ゆのさわ　湯の沢　南　204
ゆのさわ　湯ノ澤　南　48
ゆのざわ　湯ノ澤　南　81
ゆのさわがわ　湯の沢川　南　114
ゆのさわがわ　湯の沢川　南　190
ゆのさわこうせん　湯の沢鉱泉　小樽　204
ゆのさわばし　湯の沢橋　南　199
ゆめとぴあほしおき　夢トピア星置　手稲　☆
ゆりがはら　百合が原（1～11丁目）*　北　120
ゆりがはらえき　ゆりがはら（駅）　北　114
ゆりがはらえきまえどおり　百合が原駅前通　北　202
ゆりがはらこうえん　百合が原公園*　北　110
ゆりがはらこうえんどおり　百合が原公園通　北　135
ゆりがはらこうえんひがしぐち　百合が原公園東口　北　127
ゆりがはらこうえんまえ　百合が原公園前　北　127

【よ】

よいちさんざん　余市三山　手稲　193
よいちだけ　余市岳　南　29
よいちとおり　余市通　中央　166
よいちぱおまない　ヨイチパオマナイ　南　166
よいちやまごや　余市山小屋　手稲　87
ようごがっこう　養護学校　白石　88
ようこしべ　ヨウコシベ　中央　7
ようこじょう　養狐場　手稲　64
ようさんじょう　養蚕場　中央　164
ようさんでんしゅうじょ　養蚕傳習所　中央　37
ようじとおり　洋次通り　豊平　☆
ようじゅえんのさわ　養樹園ノ沢　中央　27
ようすいあくすいろ　用水悪水路　東　196
ようすいはし　用水　中央　20
ようすいはし　用水ハシ　中央　33
ようはいじょ　遥拝所　中央　198
ようろういん　養老院　中央　63
よくしへつ　ヨクシヘツ　中央　16
よこうしべ　ヨコウシベ　中央　205
よこうしぺっ　ヨコウシペッ　中央　160
よこうしゅぺっ　ヨコウシュペッ　中央　146
よこしへつ　ヨコシヘツ　中央　204
よこしぺっ　ヨコシペッ　中央　160
よこしぺっと　ヨコシペット　中央　148
よこしんどう　横新道　北　39
よこすべつがわ　ヨコスベツ川　中央　173
よこせん　第（一～八）横線　北　127
よこちべつがわ　よこちべつ川　中央　160
よこちょう　横丁　豊平　41
よこちょう　横町　白石　66
よこちょうく　横町区　白石　166
よこちょうとおり　横町通　白石　204
よこのさわ　横の沢　南　193
よしだかいこん　吉田開墾　豊平　183
よしだがわ　吉田川　白石　135
よしだがわこうえん　吉田川公園　豊平　135
よしだどおり　吉田通　西　166
よしだのうじょう　吉田農場　白石　36
よしだのうじょう　吉田農場　北　174
よしだぼくじょう　吉田牧場　白石　36
よしだぼり　吉田堀　中央　166
よしだもはちほりわり　吉田茂八堀割　中央　12
よしだやま　吉田山　白石　42
よしだようすい　吉田用水　白石　166
よしののうじょう　吉野農場　北　36
よしむらばし　吉村橋　厚別　166
よしやち　よし谷地　白石　169
よじょうしずないとおり　四条静内通　中央　166
よじょうひがしさんちょうめ　4条東3丁目　中央　204
よつみね　四ツ峰　南　56
よつみねとんねる　四ツ峰トンネル　南　125
よねさと　米里*　白石　40
よねさと　米里（1～5条1～3丁目）*　白石　40
よねさとがわ　米里川　白石　190
よねさとがわりょくち　米里川緑地　白石　203
よねさとかんせんはいすい　米里幹線排水　白石　190

【ら】

【り】

【る】

【れ】

【ろ】

【わ】

【を】

◇著者略歴　山内　正明（やまのうち・まさあき）

1951年（昭和26）、北海道札幌市生まれ。北海道教育大学札幌分校を卒業後、1975年より藤女子中・高等学校で教鞭をとり、2006年退職。札幌地理サークル会員（前会長）。専門分野は地理教育学。著作は『北緯43度 札幌というまち…』（共著、清水書院、1980年）、『北海道 地図で読む百年』（共著、古今書院、2001年）、『増補改訂版 札幌の地名がわかる本』（共著、亜璃西社、2022年）ほか。

さっぽろ歴史&地理さんぽ

――エピソードと写真で振り返る札幌の150年

二〇二三年十二月二十五日　第一刷発行

著者　山内《やまのうち》正明《まさあき》
編集　井上哲
発行者　和田由美
発行所　株式会社亜璃西社
〒〇六〇-八六三七　北海道札幌市中央区南二条西五丁目六-七メゾン本府七階
電話　〇一一-二二一-五三九六／FAX　〇一一-二二一-五三八六
URL　https://www.alicesha.co.jp/
装幀　佐々木正男
印刷　藤田印刷株式会社

ISBN978-4-906740-62-8 C0025

亜璃西社の本

地図の中の札幌――街の歴史を読み解く
堀 淳一 著

地図研究家・今尾恵介氏推薦。地図エッセイの名手が、新旧180枚の地図で道都150年の変遷を読み解く。稀少な試験地形図がついた豪華本。

本体6000円＋税　978-4-906740-02-4 C0021

増補改訂版 札幌の地名がわかる本
関 秀志 編著

札幌全10区の地名の不思議をトコトン深掘り！ Ⅰ部では10区の歴史と地名の由来を、Ⅱ部ではアイヌ語地名などテーマ別に探求する最新版。

本体2000円＋税　978-4-906740-53-6 C0021

増補版 北海道の歴史がわかる本
桑原真人・川上淳 共著

石器時代から近・現代まで、約3万年におよぶ北海道史を56のトピックスでイッキ読み！ どこからでも気軽に読める歴史読本決定版。

本体1600円＋税　978-4-906740-31-4 C0021

北海道開拓の素朴な疑問を関先生に聞いてみた
関秀志 著

開拓地に入った初日はどこで寝たの？ 食事は？ そんな素朴な疑問に北海道開拓史のスペシャリストが対話形式で楽しく答える歴史読み物。

本体1700円＋税　978-4-906740-46-8 C0021

北海道の縄文文化 こころと暮らし
三浦正人 監修・執筆

「たべる」「いのる」などテーマ別に豊富な写真で北の縄文人の生活を紹介。世界文化遺産を含む豊饒な縄文ワールドへあなたを誘います。

本体3600円＋税　978-4-906740-50-5 C0021